Christina Gerber

Zuhause ist dort, wo dein Herz wohnt

- Ein Sabbatjahr auf Mallorca -

D1722276

FSC
www.fsc.org
MIX
Papier aus ver-
antwortungsvollen
Quellen
Paper from
responsible sources
FSC® C105338

- Neuauflage -

Satz: Bettina Kyrala Belitz – bettinabelitz.de

Herstellung und Verlag: BoD – Books on Demand, Norderstedt

ISBN: 9 783756 256167

Auch als Ebook erhältlich

Widmung

Für meinen Mann, meine Tochter
und meinen Sohn ...

... und eine wunderschöne Insel.

Prolog

Du legst den Finger in die Wunde, ganz leicht.

Nur eine Geschichte, deine eigene?

Wer weiß.

Es finden sich viele wieder, in der Geschichte.

Überrascht?

Du hast sie ertappt, du fängst sie auf.

Unbemerkt.

Sie beginnen zu denken, halten inne in ihrem Leben.

Manche ändern die Richtung, nur einen Tag lang.

Immerhin.

Darum machst du weiter,

erzählst eine neue Geschichte.

Teil 1:

August bis Dezember

28. August 2018

Ich bin wach, viel zu wach. Der Kühlschrank brummt beruhigend, im Nebenzimmer erzählen die »Grundschul-Superhelden« leise von ihren neuesten Abenteuern und das Haus ist in samtenes Dunkel getaucht. Eigentlich wie immer.

Doch diesmal sind wir endlich hier. Nach über einem Jahr der Vorbereitung, der Planung, der Zweifel, der unzähligen Diskussionen, der Tränen, der Vorfreude und der vielen Reisen hierher, an deren Ende wir jedes Mal wieder in den Flieger nach Deutschland gestiegen sind, haben wir gestern Nacht, mit einem legendären Tag Verspätung, die Insel erreicht.

Heute Morgen erwachte ich früh, voller Tatendrang. Die Luft war herrlich, klar und frisch, es roch nach üppig blühendem Oleander, Bougainvilla und Hibiskusblüten ... und nach Meer. Ich öffne alle Türen und Fenster, lasse die Natur ins Haus und fühle mich wie im Urlaub. Das ist es ja auch – oder nicht? Also lege ich mich wieder ins Bett und schlafe bis um zehn Uhr. So viel zum Tatendrang.

Doch der holt uns dann auch brav wieder ein und der Großteil des Tages verrinnt mit Aufräumen. Mein Mann zerlegt gefühlt einen halben Wald in unserem Garten zu Kleinholz, während ich mich im Inneren des Häuschens durch Taschen, Koffer, Kisten und Rucksäcke wühle und in fast ehrfürchtiger Stimmung alles verstaue. Dort werden die Sachen die nächsten drei Monate bleiben, das ist momentan eine Zeitspanne, die mein Gehirn noch nicht begreift.

Ja, es ist eine merkwürdige Mischung heute. Mir fallen die vielen Geschenke meiner Freundinnen in die Hände, Kalender, Bücher, Postkarten mit persönlichen Grüßen, alles mit Liebe ausgesucht und von Herzen geschrieben. Ich habe Tränen in den Augen und meine Gefühle verirren sich.

Gegen Abend machen wir uns auf den Weg zu unserer mallorquinischen Ersatzfamilie und werden mit aufrichtiger Freude begrüßt. Das kleine Büro ist wie immer voller Menschen, ein Kommen und Gehen, das Telefon klingelt dazwischen, jeder quatscht mit jedem, »Was wollt ihr trinken?« Und natürlich alles auf Spanisch. Mein Herz hüpft, einer der Gründe, weshalb ich so gerne hier bin: alle anderen sind auch da. Ich unterhalte mich mit Margalida und bin gerade ein bisschen stolz, dass ich wirklich viel verstehe, als sie anfängt, über die Schule zu sprechen. Und schon verstehe ich nichts mehr. Die Vokabeln zum Thema sollte ich wohl in den nächsten zwei Wochen noch lernen.

22:30 Uhr. Nach dem Abendessen nehmen wir einen »Absacker«-Drink auf unserer Terrasse, stoßen auf das bevorstehende Jahr an. Auf der gegenüberliegenden Straßenseite feiern unsere ebenfalls deutschen Nach-

barn schon den ganzen Tag lang und sind inzwischen offensichtlich auch beim »Absacker« angekommen. Laut singend und erstaunlich textsicher begleiten sie jedes Lied, das »Alexa« über den Amazonkanal in die ansonsten recht stille Nacht schickt. Eine bunte Mischung aus den letzten dreißig Jahren, ein Déjà-vu.

Es fühlt sich wirklich seltsam an: wie oft saßen wir in den letzten Wochen genauso auf der Terrasse in Deutschland, mit unseren Freunden, mit Musikwünschen und Mitsingen...wie oft haben dabei wohl die Nachbarn zugehört? Tja, heute sitzen wir nebenan und lauschen. Denken an den vergangenen Samstag, als wir unseren gut geplanten Flug hierher verpasst hatten, und somit mit Sack und Pack wieder umkehren mussten. Das Chaos der Gefühle, hatten wir uns doch endlich tränenreich von allen verabschiedet – nur um direkt wieder zurückzukehren? Doch dank unserer Freunde hatten wir sofort ein Dach über dem Kopf, ein warmes Essen im Bauch, Sekt im Glas und einen unvergesslichen Abend, einen geschenkten Tag.

Ich bin hundemüde, die vielen Eindrücke der letzten Tage fordern ihren Tribut. Meine Füße sind schwer und fühlen sich an wie die eines Elefanten, ich bin heilfroh, endlich ins Bett zu kommen. Die ganze aufgestaute Anspannung löst sich, ich sinke in die Kissen und schließe erschöpft meine Augen.

Mache die Augen wieder auf und bin wach. Viel zu wach ...

Eine gute Idee

Zu welchem Zeitpunkt beginnt eine Geschichte? Am Anfang? Mitten-drin? Erzählt sie das Ende zuerst? Sie ist ein Puzzlespiel aus vielen klei-nen Facetten, jedes Steinchen vervollständigt das große Gesamtbild. So beginne ich meine Geschichte mit dem Tag einer großen Entscheidung ...

»Wenn Mama das gerne möchte, dann gehe ich mit.« Die Stimme meiner Tochter wird immer leiser und ich sehe ihr an, dass sie nur mit Mühe die Tränen unterdrücken kann.

Sie tut mir ein bisschen leid. Sie, die immer forsch voranschreitet, ihre Interessen vehement vor aller Welt verteidigt und rigoros ihre Rechte einfordert, gerade sie wirkt jetzt plötzlich verzagt und ängstlich.

Ihre langen, dunkelblonden Haare hat sie in einem lockeren Pfer-deschwanz zurückgebunden, einige Strähnen haben sich gelöst und umspielen ihr Gesicht. Zwölf Jahre alt ist sie inzwischen, doch im Moment sieht sie fürchterlich klein und verletzlich aus.

Kurz regt sich mein Gewissen: Mute ich uns allen zu viel zu? Bin ich zu egoistisch? Ich versuche, in meinen Bauch zu hören. Er fühlt sich warm und weich an, also kann doch der Weg, den ich plane, nicht der schlechteste sein?

Wir halten Familienrat, wir brauchen Klarheit. Wir haben uns im Raum verteilt, halten Abstand zueinander, vorsichtig. Mein Mann sitzt wie immer in seiner Ecke des Sofas, meine Tochter hat auf dem Boden vor dem Fernseher Platz genommen. Mein Sohn wippelt unruhig auf einem Esszimmerstuhl hin und her, wie üblich kann er keine Minute stillsitzen.

Ich selbst throne auf der Kante unseres weißen Esstisches, die Szene von oben überblickend. Es hat den Anschein, als würde jeder von uns unbewusst seinen persönlichen Bereich schützen wollen, denn wir wissen nicht so ganz genau, wie dieses Gespräch ausgehen wird. Es werden nicht alle glücklich sein, so viel ist jetzt schon klar. Tolle Aussichten.

Ich schaue von einem zum anderen, warte auf weitere Reaktionen, denn mein eigener Standpunkt ist allen klar. Ich möchte weg, hinaus aus unserem nur allzu alltäglichen Alltag hier in Deutschland. Wir haben viel erreicht in den letzten zehn Jahren, doch nun bin ich zunehmend auf der Suche.

Die Kinder brauchen mich nicht mehr rund um die Uhr. Mein Atelier für Bilder und Raumplanungen habe ich im vergangenen Jahr aufgegeben, es war zu meinem Bedauern finanziell und zeitlich nicht mehr haltbar. Der kleine Nebenjob in unserem Ort, den ich anschließend, mehr oder weniger aus Bequemlichkeit, angenommen habe, erfüllt mich nicht wirklich.

Doch auf der Insel bin ich glücklich. Ich spreche mit Freude Spanisch, auch wenn längst nicht alles grammatikalisch perfekt ist. Ich plane und entwerfe, erschaffe Neues aus Altem. Ich schreibe Geschichten. Ich fühle mich an der Schwelle des vierten Jahrzehnts meines Lebens noch zu jung, um die kommenden Jahre in meinem gewohnten Umfeld abzusitzen und mir selbst dabei zuzusehen, wie ich wenig Sinnvolles tue. Das macht mich wahnsinnig.

Vor rund einem halben Jahr reifte eine Idee in meinem Kopf und nach einigem Abwägen sprach ich meinen Mann darauf an: »Wir könnten vielleicht mal für längere Zeit ins Ausland gehen, so wie Müllers! Die sind jetzt für drei Jahre in Schweden, mit der ganzen Familie. Wir hatten das vor der Geburt der Kinder doch auch schon überlegt, erinnerst du dich? Also bleiben wir einfach ein bisschen länger auf Mallorca!«

In Gedanken setzte ich meinen Unschulds-Heiligenschein auf, in der Realität strahlte ich meinen Mann mit meinem entwaffnendsten Lächeln an. Mein Herz klopfte euphorisch, tat sich doch hier vielleicht wirklich eine kleine Richtungsänderung für uns auf!

Nachdenklich musterte mein Mann mich von der Seite, abwägend, ob ich das wirklich ernst meinte. Doch entscheidender war: Er sagte nicht sofort »Nein«. Und damit war der Plan im Grunde schon besiegelt.

»Also, drei Jahre sind zu viel, das kann ich mit meiner Arbeit nicht vereinbaren«, erwiderte er nach kurzem Überlegen. Mein Herz begann, langsam Richtung Hosenbund zu rutschen. Schade. »Allerdings könnte ich Dir ein Sabbatjahr anbieten, das ist, denke ich, jederzeit möglich«. Ich glaubte, meinen Ohren nicht zu trauen, das war eindeutig ein »JA, ich will!« Mein Herz jubilierte, trällerte, tanzte und hüpfte.

Ausgerechnet Mallorca!?

Wie viele Entscheidungen treffen wir im Laufe einer Stunde, einer Woche, eines Jahres? Und wie unendlich viele sind es dann geworden am Ende unseres Lebens? Meist bleiben uns nur die großen, wichtigen, einschneidenden Entscheidungen und die daraus folgenden Ereignisse im Gedächtnis. Ganz nebenher treffen wir sie jedoch in jeder Sekunde des Tages, so viele davon unbewusst und oft aus Gewohnheit. Und ganz gewiss benötigen wir für unangenehme Dinge mehr Zeit als für schöne.

Wir schoben den Zeitpunkt zu unserer finalen Entscheidung vielleicht ein wenig zu lange vor uns her. Den Alltag zu leben, ohne zu wissen, ob in den kommenden Monaten noch alles so sein würde wie bisher, oder gänzlich anders, wurde auf die Dauer zur Belastungsprobe für mich und auch für die Kinder. Wir brauchten dringend Klarheit...

»Was sind denn eure größten Sorgen, wenn ihr euch vorstellt, dass ihr ein ganzes Jahr lang auf Mallorca leben werdet?«, versucht mein Mann, den Kindern weitere Informationen zu entlocken. Immer noch sitzen wir unverändert im Wohnzimmer und analysieren, drehen uns im Kreis. Meine Hoffnung auf eine einstimmige Lösung schwindet mit jeder Minute.

»Ich habe dort keine Freunde und ich verstehe nichts!«, fasst meine Tochter ihre Gedanken zusammen und ihr Bruder nickt zustimmend. »Und meine Freunde aus Deutschland bleiben hier!«, vervollständigt er, inzwischen ebenfalls etwas weinerlich. »Nun ja, um ein bisschen Spanisch zu lernen, habt ihr noch über ein halbes Jahr Zeit. Alles, was ihr bis dahin schafft, wird euch dort helfen!« Aus meiner Sicht ist das ein durchaus machbares Thema. »Und ihr werdet auf jeden Fall dort neue Freunde finden, da bin ich mir hundertprozentig sicher!«

Ich sehe meinen Kindern an, dass diese Tatsache momentan völlig außerhalb ihrer Vorstellungskraft liegt. So kommen wir nicht weiter. Ich wechsele einen Blick mit meinem Mann und treffe eine Entscheidung. Wir können weder alles im Voraus überblicken, noch eine Garantie über einen reibungslosen Ablauf unseres Vorhabens aussprechen. Wir brauchen eine gute Vorbereitung, Zuversicht, Mut und etwas Gottvertrauen in unsere Vision, dann wird das Vorhaben unser Leben bereichern, davon bin ich überzeugt.

Zum Glück können wir jederzeit zurück nach Deutschland, also hält sich das Risiko des ganzen Vorhabens sehr in Grenzen. So schaue ich noch einmal abschließend in die Runde: »Wir versprechen euch, dass wir nichts Unüberlegtes tun werden. Wir werden euch unterstützen in allem, was dort auf euch zukommt.

Ihr habt keinen Stress in der Schule. Ihr braucht keine guten No-ten zu schreiben, da das Auslandsjahr in Deutschland wahr-scheinlich sowieso nicht vollständig anerkannt werden wird, wenn wir zurückkommen. Und wir werden dort eine wunder-schöne Zeit haben.« Ich halte kurz inne, um die Worte wirken zu lassen. Es kommt kein Protest. »Wir stimmen jetzt einfach ab.« Ich bin plötzlich aufgeregt, dieser Moment hat etwas Feierliches. Ein vierfaches »Ja« ist schlussendlich das Ergebnis und eine zufriede-ne Wärme breitet sich in mir aus. Ich habe mein Ziel erreicht. Al-les weitere wird sich finden.

»Ernsthaft? Ein ganzes Jahr? Naja, so richtig wundern tut es mich nicht… also seid ihr dann jetzt »Mallorca-Auswanderer«!« Als ich meiner Freundin die Nachricht unseres Sabbatjahres überbringe, fühle ich mich durch diese saloppe Bemerkung plötzlich ziemlich klischeehaft. Wie die typischen Fernseh-Auswanderer, Glücksrit-ter auf der Suche nach dem Kick ihres Lebens.

Sind wir am Ende auch nicht anders? Blauäugig? Leichtsinnig? Größenwahnsinnig?

Und zu allem Überfluss ist unser Ziel ausgerechnet Mallorca? Wie profan!

Meine Gedanken springen unvermittelt zurück zum Anfang der ganzen Unternehmung, vier Jahre zuvor …

Eine Seefahrt

Wo befindet sich der Horizont? Können wir ihn von unserem Standpunkt aus sehen? Ist uns die Sicht versperrt durch viele kleine und große Hindernisse? Endet unser persönlicher Horizont am Ortsschild unseres Dorfes? Oder sind wir in der Lage, über unsere Grenzen hinaus zu sehen und die Weite dahinter zu erahnen? Brauchen wir manchmal die Hilfe eines Ortswechsels, eines Ausfluges, einer großen Reise?

Es ist still. Nur gedämpft lassen sich die Schritte und der Lärm von draußen hier im Inneren vernehmen. Der Geruch der alten Ledersessel durchzieht den kleinen Raum, fast erwarte ich, dazu auch den aromatisch qualmenden Rauch kubanischer Zigarren wahrzunehmen. Vorsichtig und ehrfurchtsvoll trete ich ein und schließe leise die Tür hinter mir. Sofort wird mir klar: Ich habe meine Oase gefunden.

Ich schwanke leicht, als ich beginne, die deckenhohen Bücherregale entlang über den zentimeterdicken, weichen Teppichboden zu schreiten und meinen Blick über die unzähligen literarischen Werke streifen lasse. Bei dieser Vielfalt kann ich mich nicht entscheiden. Spontan schließe ich meine Augen, strecke meinen Zeigefinger aus und lasse ihn über die Buchrücken wandern, laufe entlang der Reihen, um das für mich bestimmte Buch zu finden.

Schließlich halte ich inne, tippe entschlossen auf den Buchrücken vor mir, öffne meine Augen und da steht es: »Der gemalte Kuss« von Elisabeth Hickey.

Die Beschreibung des Klappentextes umreißt die Lebensgeschichte von Emilie Flöge an der Seite von Gustav Klimt. Fast ihr ganzes Leben teilte sie mit dem Maler, als Geliebte uns Muse stand sie Modell für sein weltberühmtes Gemälde »Der Kuss«.

Wie schon so oft macht mein Herz winzige Luftsprünge, wenn das Leben mir kleine Gefälligkeiten zuschustert, eine Aufmerksamkeit für meine Seele. Denn nichts Geringeres als das ist in diesem Augenblick geschehen, kein anderes Buch hätte für diese Situation passender sein können.

Zu diesem Zeitpunkt befinde ich mich mitten in einer meiner kreativen Schaffensphasen meines Lebens. Ich male, großformatig und bunt, mit Öl und Acryl, entwerfe und gestalte Räume.

Ich besitze ein kleines Atelier in der Stadt. Ich suche Ideen und Anregungen, Inspiration. Ich werfe meine Gedanken-Anker in alle Richtungen aus und warte ab, was davon zurückkommt. Ich bin bereit für große Projekte. So nehme ich Platz in einem der weichen, dunkelbraunen Ledersessel in dieser kleinen Bibliothek mitten auf dem Meer. In Zeitlupe entlasse ich meinen Tagtraum aus meinem Gedächtnis, zoome heraus aus der Szenerie. Ich sehe mich sitzend und lesend auf der AIDA Vita, auf unserer ersten Reise mit einem Kreuzfahrtschiff quer durch das Mittelmeer. Das Wasser ist unruhig, das Schiff schwankt und rumpelt, die Hälfte der Gäste ist seekrank.

Glücklicherweise sind meine Familie und ich mit einer robusten Gesundheit gesegnet, sodass wir durch die Wetterkapriolen nicht eingeschränkt sind. So genießen wir die halbleeren Schiffdecks. Wir nehmen teil an Poolpartys, Mitternachtsbuffets, Animation und Kinderclub, und wir bewundern die Städte auf unserer Route.

Wir stranden auf der Insel Mallorca. Im Anschluss an unsere achttägige Seereise mieten wir uns eine gemütliche Ferienwohnung direkt am Meer, den Blick auf einen wunderschön mit grün benadelten Pinien bewachsenen Berg gerichtet, die Sonne entsteigt jeden Morgen prachtvoll und majestätisch den schaumbekrönten Fluten des Meeres.

Ich sitze mit meiner Kaffeetasse auf dem schmalen Balkon im dritten Stock mit Blick auf die Palmen und das glitzernde Wasser. Die Strandpromenade schlängelt sich zu meinen Füßen an mir vorbei, ich beobachte das entspannte und fröhliche Treiben unter mir und muss nicht sonderlich lange nachdenken, denn die Stimme in meinem Kopf meldet sich nahezu sofort: »Wie schön wäre es, öfter hier her zu kommen.«

Durchaus recht göttlichen Fügungen ist es zu verdanken, dass meine zuweilen überschwänglich fantasievollen Gedankengänge und Ideen ab und an auf das kaufmännisch veranlagte Grundwesen meines Mannes stoßen. Diese Mischung hat uns in unserem Leben schon manches gemeinsame Projekt beschert und so ist es, im Nachhinein betrachtet, gar nicht so wundersam, was in der darauffolgenden Zeit geschah.

29. August 2018

-Das »Mañana«-Syndrom-

Es ist heiß. Jeder Fetzen Stoff, den man am Leib trägt, ist eindeutig zu viel. Ich stehe in einer von unseren gefühlt hundert Abstellkammern und rümpele mal wieder. Es staubt, es stinkt, es juckt, die Mücken fallen in dem engen Kämmerchen voller Freude über mich her. Die Unmengen an Müll bringen mich mental langsam an meine Grenzen. Alles ist uralt, verrostet, verdreckt, versifft.

An den meisten Dingen, die ich aus den unendlichen Tiefen des kleinen Hauses hervorziehe, klebt noch das Original-D-Mark-Preisschildchen, was die Sache zwar kurios, aber nicht besser macht. Draußen höre ich wieder meinen Mann, der sich auch heute in Indiana-Jones-Manier mit Säge und Gartenschere durch den verwilderten Garten kämpft.

Wir sind noch in der Findungsphase. Irgendwo zwischen geregeltem deutschem, und vor allem klimatisierten, Büroalltag und touristischem Urlaubsort. Momentan arbeiten wir noch recht deutsch: aufstehen, arbeiten, Abendessen. Das macht hier allerdings wenig Sinn. Das mediterrane Klima ist in der Mittagshitze einfach nicht für körperliche Arbeit geschaffen, was der kluge Mallorquiner, im Gegensatz zu uns, schon seit Jahrhunderten erkannt hat. Man richtet sich auch heute noch in einer Art und Weise nach dem Wetter, die mich immer wieder verblüfft.

Mittags hält man Siesta, der traditionelle spanische Mittagsschlaf ist angesagt. Man hält sich zu Hause auf, schont seinen Körper. Nach zwei Tagen auf Mallorca habe ich diese Tatsache bedingungslos akzeptiert. Wir lernen jeden Tag aufs Neue, unsere Aufgaben rigoros in »Wichtig« und »Unwichtig« aufzuteilen, es ist unmöglich, alles an einem Tag zu schaffen. Imposible. Nicht umsonst ist das legendäre »Mañana« ein geflügeltes Wort. Nicht, weil hier alle zu faul sind zum Arbeiten, ganz im Gegenteil. Es gibt keine soziale Komfortzone, die einen über Wasser hält, wenn man kein Geld mehr hat.

Du arbeitest, um zu essen, zu wohnen, zu leben. Du gibst den unwichtigen Dingen keinen Raum, dafür ist die Zeit zu kostbar. Du bist mit Leib und Seele bei der Sache, die Du gerade tust, Zeit zu essen, Zeit zu arbeiten, Zeit zu schlafen, Zeit für Familie und Freunde. Und ja, dafür fällt vielleicht manches am Tag hintenüber und wird verschoben ... und wenn man ehrlich ist, ist das meistens kein Weltuntergang.

Ein Blogger hat folgende These aufgestellt, die mir jetzt wieder in den Sinn kommt und die tatsächlich einiges erleichtert: »Überfordere Dich nicht mit deinem Projekt, arbeite jeden Tag nur 1% daran, dann bist du in 100 Tagen fertig. Arbeite sorgfältig und mit Leidenschaft, mit Herz und Freude, dann wird es authentisch.«

Während meine Gedanken mal wieder fliegen, ist mein Abstellraum inzwischen fast leer, nur noch der große Kühlschrank wartet auf Betreuung. »Das mache ich jetzt auch noch schnell« denkt das deutsche Tinchen in mir und ich öffne schwungvoll die Tür.

Ein Eldorado der Ekeligkeiten breitet sich vor mir aus. Nach einem kurzen Zwiegespräch mit dem verschimmelten Monstrum und seinem mäßig einladenden Inhalt drehe ich ihm einfach den Rücken zu, stelle fest, dass ich heute eindeutig mein Arbeitspensum erreicht habe und springe zur Abkühlung in den türkisfarbenen, einladend glitzernden Pool.

Kurze Zeit später lassen wir uns alle gemeinsam auf unserer Badeinsel über das Wasser treiben, die schon leicht schräg stehende Sonne umfängt uns mit ihrem wohlig warmen Licht. Auf meinen Abenteuerreisen durch die Tiefen der Abstellkammern habe ich tatsächlich auch etwas Brauchbares gefunden: einen originalverpackten Neoprenanzug (augenscheinlich aus den 70er Jahren), in den sich unser Sohn inzwischen hineingezwängt hat und jetzt zur allgemeinen Heiterkeit beiträgt. Scharfes Teil. Träge lasse ich meinen Blick schweifen, höre das Lachen der Kinder, das Zirpen der Grillen, das Gurren der Tauben. Um uns herum versinken Haus und Garten langsam im Chaos und erstaunlicherweise stört es mich nicht.

Ich glaube, »Mañana« wird mein Lieblingstag.

Investoren

Wohin mit unserem Geld?

Zur Bank? Ins Möbelhaus? An die Börse?

Wofür möchten wir unser Erspartes ausgeben? Genügt es uns, es zusammenzuhalten und für schlechte Zeiten aufzubewahren?

Möchten wir gerne investieren, in unsere Zukunft und in die unserer Kinder? Macht es uns glücklich, dass wir uns einfach das kaufen können, was uns gerade in den Sinn kommt?

Wahrscheinlich eine gute Mischung aus all diesen Aspekten bemüßigte uns, eines Tages ein ganz bestimmtes Gebäude in dem spanischen Örtchen aufzusuchen, dem unsere Bucht administrativ zugeteilt ist...

»Así que hoy estamos aquí para vender un aparcamiento...«
»Äh – no.« Jetzt muss ich doch mal kurz eingreifen. »Vamos a comprar un apartamento«, stelle ich laut und deutlich für alle Anwesenden in dem mit wuchtigen Echtholzmöbeln ausgestatteten Büro klar. Also, so geht es ja nicht.

Nicht nur, dass alle Spanier innerlich über uns den Kopf schütteln, weil wir, laut ihnen, eine »ruina« kaufen möchten, jetzt spricht der nette und eigentlich sehr kompetente Herr Notar auch noch von einem Parkplatz anstatt von einer Wohnung! Frechheit.

Die elegante Büroetage im Herzen des kleinen Dorfes gleicht dem berüchtigten Taubenschlag. Jeder noch so kleine Winkel, so scheint es, wurde genutzt, um die Heerscharen an kauf-und ver-kaufswilligen Kunden, die sich täglich hier tummeln, in die unterschiedlichsten Winkel zu stopfen. Es gibt Sekretariate, Informationstresen, Warteräume, Vorbesprechungsräume, Besprechungsräume und natürlich das »Allerheiligste«: das riesige Büro des Notars – die »Vollzugskammer« sozusagen.

Hier sitzen wir bereits seit gut einer Dreiviertelstunde recht kuschelig beieinander, gemeinsam mit dem Verkäufer-Ehepaar, deren Steuerberaterin und deren Assistentin sowie deren Praktikantin, dem spanischen Immobilienmakler und dessen Assistent, dem deutschen Immobilienmakler ohne Assistent, dem brummig aussehenden Herrn von der Bank – wobei derselbe wiederum die allerbeste Aufgabe von allen inne hat: nämlich den Scheck für die Bank abholen – und dem netten Herrn Notar.

Nun geht es endlich los, wir werden Besitzer einer eigenen Wohnung am Meer! Ein erhebendes Gefühl! Wir sind schockverliebt in diese Insel, haben im Laufe der vergangenen zwei Jahre erst Geschäftspartner, dann Freunde gefunden, Mallorquiner, die uns mit offenen Armen empfangen haben. Nichts scheint unmöglich, wann immer wir an unsere Grenzen stoßen, sie zeigen uns stets Wege zur Lösungsfindung. »Soluciones! No problemas, soluciones!« – »Lösungen! Keine Probleme, Lösungen!« Dieser Satz wird bald zum geflügelten Wort und erleichtert, zumindest mental, so manche Situation.

Der Schritt, eine alte, verfallene Wohnung zu kaufen, war eine Herausforderung, denn die Renovierung sollte ausschließlich mit spanischen Handwerkern durchgeführt werden – ohne, dass wir selbst rund um die Uhr vor Ort sein konnten. Wir legten unsere Projektbetreuung gänzlich in die Hände unserer spanischen Freunde, in tagelange Whatsapp-Konversationen und in die des Google-Übersetzers. Gewagt, aber nicht unmöglich.

Das Experiment gelang schlussendlich und glücklicherweise. Wir flogen so oft wie möglich auf die Insel, arbeiteten teilweise drei Tage am Stück, um dann umgehend wieder nach Deutschland zurückzukehren – und fühlten uns wie ein Handwerkertrupp auf Montage. Wir redeten uns die Köpfe heiß, diskutierten stundenlang, die Beziehung zu meinem Mann wurde zeitweise wirklich sehr strapaziert. Erstaunlicherweise jedoch hauptsächlich dann, wenn andere Leute ins Spiel kamen – im Duo arbeiten wir beide relativ harmonisch zusammen.

Die kleine Wohnung hat sich inzwischen zu einem Schmuckstück gemausert. Doch bereits als das Renovierungsende langsam in

Sicht war, formierte sich jener zukunftsweisende Gedanke in meinem Kopf, der unsere Familie zu Teilzeit-Insulanern machte: »Es wäre schön, länger hier zu bleiben ...«

Das Häuschen

Was zieht uns an? Welche Menschen und Dinge üben auf uns diese ganz bestimmte Faszination aus, die uns ein Leben lang an sie bindet, ob wir das nun wollen oder nicht? Sollen wir dem Drang nachgeben oder lieber Reißaus nehmen, weil wir die Folgen für unser Leben nicht überblicken können? Weil wir das Risiko scheuen?

So ein magischer Moment ist selten, und im Fall unseres »Projektes« haben wir ihn tatsächlich zuerst übersehen ...

»Auf gar keinen Fall!« Energisch stopfe ich meine Kamera wieder in die Tiefen meiner Handtasche, überzeugt davon, die soeben gemachten Fotos erst gar nicht herunterzuladen. Was für eine Zeitverschwendung! »Ist das eine Bruchbude! Hast du gesehen, was da alles reingestopft ist? Da wurde ja seit dreißig Jahren nichts mehr gemacht!« Ich bin immer noch entsetzt und völlig erschlagen von dem eben Gesehenen.

»Das erinnert mich an Dauercamper«, sinniert mein Mann zustimmend. »Alles selbst zusammengeschustert.

»Und diese Deko!« Ich kann mich kaum beruhigen: »Überall Kakteenblätter mit Figürchen drauf, Tausende von Plastikblumen in

Tontöpfchen, an jeder Ecke Girlanden und Lichterketten, hier noch ein Teppich, da noch ein Deckchen ... ich brech' zusammen. Also, DAS Haus kommt bestimmt nicht in Frage.«

Wir sind auf Immobiliensuche, das können wir inzwischen ganz gut. Diesmal geht es um unser »Projekt« für das geplante Sabbatjahr. Und, was könnte näher liegen als das, wir haben uns noch einmal für eine Immobilie entschieden.

Nachdem unser erstes Renovationsobjekt mit Erfolg abgeschlossen war und wir währenddessen nur recht wenige Federn lassen mussten, besaßen wir genügend Selbstüberschätzung und Zuversicht, auch ein größeres Projekt stemmen zu können. Etwas Altes kaufen und renovieren, diesmal mit eigener Muskelkraft und direkt vor Ort. Nicht zu groß allerdings, innerhalb eines Jahres sollte das Ganze ja machbar sein. Und nicht zu teuer. Und mit drei Schlafzimmern. Und eigenem Pool. Und ein bisschen Garten, die Lage bitte nicht zu weit vom Strand entfernt. Dachterrasse wäre ganz schön. Und eine Außenküche. Und, und, und ...

Die Findungsphase ist für mich persönlich jedes Mal eine der schönsten Etappen. Im Internet stöbern, verschiedene Objekte besichtigen, fotografieren, sortieren, vergleichen und kalkulieren, am Ende alles doch wieder verwerfen oder wider Erwarten neu aktivieren? Mit diesem spielerischen Auf und Ab könnte ich mich ewig beschäftigen. Allerdings sitzt uns dieses Mal die Zeit im Nacken, denn wollen wir tatsächlich mit den Kindern im darauffolgenden Schuljahr auswandern, muss der »Projekt«-Erwerb bis zum Frühjahr in trockenen Tüchern sein.

Der Ort des Geschehens ist immerhin schon mal gesetzt, natürlich bleiben wir in unserer Bucht. Eventuell werde ich langsam schrullig, doch jedes Mal, wenn ich dort bin, sagt mir mein Herz, dass dieser Ort genau der richtige ist, um dort meine Fußstapfen zu hinterlassen.

So forschen wir uns also durch diverse Häuser, die zum Verkauf stehen. Ich mache allerdings große Augen, als ich im Immobilienbüro unserer Freunde zu meinem blanken Erstaunen erfahre, dass die allererste Frage vor der Besichtigung eines Hauses stets diejenige nach den »papeles«, den Papieren der Immobilie sein sollte. Bei weitem nicht alle Häuser sind legal entstanden, was sie wiederum nicht davon abhält, trotzdem verkauft zu werden.

Dabei stört auch der Aufenthaltsort des Objektes nicht, illegale Bauten sind rund um den Ort, in den Weiten der umliegenden Hügel oder mitten im Stadtkern zu finden. Stutzig werden sollte man als Interessent auf jeden Fall, wenn bereits in der Beschreibung zu lesen ist, dass das Wunschobjekt nicht an das öffentliche Strom- und Wassernetz angeschlossen ist. Das kann natürlich rein heroische Gründe haben, Visionen einer autarken Lebensweise spuken ja immer wieder durch die Welt. Allerdings belehrt uns, zumindest hier auf Mallorca, die Realität eines Besseren…

Tatsächlich wagten wir uns zu Besichtigungszwecken auch in eine »illegale« Siedlung hinein, denn es gibt hier ebenso legal errichtete Häuser zu finden. Doch schnell war uns klar: Fotos sind ein äußerst geduldiges Medium, besonders in Zeiten von »Photoshop«. Bereits bei unserer Anfahrt durch die engen, geschotterten und mit zahlreichen Schlaglöchern versehenen Zufahrtsstraßen empfing uns lautes, nervtötendes Gebell und Gekläffe von Hunden jeglicher Art aus den umliegenden Nachbargebäuden.

Müll und alte Paletten türmten sich in meterhohen Haufen, Stromleitungen wanden sich, Lianen gleich, quer über die Grundstücke, an löchrigen Hauswänden und baufälligen Überdachungen hinab. Stromaggregate jedweder Größe knatterten aus verschiedenen Winkeln der Umgebung hervor und die naheliegende Hauptstraße vervollständigte mit ihrem monotonen Motorengebrumm die Geräuschkulisse in einer Art, die nicht unbedingt unserer Vorstellung von einem kleinen, charmanten und verwunschenen Häuschen in den grünen Hügeln Mallorcas entsprach.

Unseren umgehend einsetzenden Fluchtreflex konnte auch das wirklich hübsche Haus, das wir besichtigten, nicht mehr aufhalten und so verabschiedeten wir uns bereits nach gut zehn Minuten von den etwas irritierten Eigentümern.

Ein anderer Termin führte uns an den Rand des Nobelviertels unserer Bucht – wie schon erwähnt, wollten wir uns einen umfassenden Überblick verschaffen. In einem der Räume des leerstehenden Hauses fanden wir eine fadenscheinige Matratze, schmutzige Decken, leere Getränkedosen und diverse andere Hinterlassenschaften, die auf die Anwesenheit eines menschlichen Wesens schließen ließen. Auf unsere Frage bekamen wir die Antwort: »Das sind »Okupas«, Hausbesetzer. Der hier ist allein, ich kenne ihn. Er ist sehr nett und er wird das Haus verlassen, sobald es verkauft ist, dann braucht er eine andere Bleibe.« Nachdenklich setzten wir unseren Rundgang fort. Das Thema der Hausbesetzer auf Mallorca war zu diesem Zeitpunkt höchst brisant und auch bei uns in Deutschland tagesaktuell in den Medien. Doch dieser Mann hatte offensichtlich nichts mit den bösartigen und zerstörerisch umherziehenden Clans gemeinsam, die im Regelfall mit dem Begriff »Okupas« betitelt wurden. Ein Obdachloser auf der Suche nach einer Unterkunft. Doch unabhängig von diesem Umstand, kam auch das Haus im Nobelviertel nicht für uns in Frage und wir besichtigten weiter ...

Am besten erreicht man sein Ziel offensichtlich im Ausschlussverfahren, soll heißen, am Ende nimmt man das was übrigbleibt. Nach wochenlanger Suche hat meine anfängliche Euphorie einen massiven Dämpfer erhalten. Neue Objekte sind nicht auf dem Markt, diejenigen, die einigermaßen in Frage zu kommen schienen, haben wir abgegrast, und die Zeit läuft uns immer weiter davon.

So durchforste ich noch einmal unsere bisher besichtigten Immobilien auf Kompatibilität. Und siehe da, das zu Beginn schmählich verworfene Häuschen mit Campingcharme erstrahlt plötzlich in einem ganz neuen Licht.

»Sag mal«, beginne ich gedehnt das Gespräch mit meinem Mann. »Du erinnerst dich doch an das vollgestopfte Haus, das wir eigentlich sofort ausgeschlossen hatten?«

»Ja, schon. Warum?«, kommt nach kurzer Pause die wenig begeisterte Antwort zurück.

»Wenn man den Zustand mal außer Acht lässt, erfüllt es eigentlich alle Kriterien, die wir uns erträumen würden. Vielleicht sollten wir noch einmal hingehen zum zweiten Termin. Und das Ganze mit anderen Augen betrachten«, bringe ich meine Erkenntnisse kurz auf den Punkt.

So fassen wir uns ein Herz, machen uns auf den Weg zur zweiten Chance, und auf diese Weise findet das Häuschen auf verschlungenen Pfaden am Ende doch noch den Weg in unsere Hände. Endlich haben wir unser Projekt gefunden und unserer Ausreise steht nun nichts mehr im Wege.

September 2018

- (M)ein Auto -

Schon lange vor unserer Abreise war uns klar, dass wir auch hier auf der Insel nicht gänzlich ohne diese motorisierte Hilfe auskommen würden. Zwar wollen wir hier natürlich täglich Unmengen an Sportprogrammen absolvieren, aber für den Fall der Fälle und vor allem für kleine und größere Materialtransporte ist ab und zu doch ein Automobil vonnöten. Und damit hatten die gemeinsamen Vorstellungen der Sabbatgruppe auch schon ihr Ende erreicht:

»Das große Auto mitnehmen und vollladen.«

»Das Cabrio mitnehmen.«

»Dort einen Pickup kaufen.«

»Dort ein Cabrio kaufen.«

»Wir brauchen eine Anhängerkupplung.«

»Ich fahre nicht 15 Stunden im Auto bis nach Barcelona!«

»Die Fähre ist viel zu teuer.«

»Unser Auto transportieren lassen.«

»Auch zu teuer.«

»Dort bei Bedarf einen Mietwagen mieten.«

»WAS?«

Das gebackene Wunschgefährt wäre wohl ein rotes Pickup Cabrio, 7-Sitzer mit Anhängerkupplung, Klimaanlage, Dolby-Surround-System, Servolenkung, maximal 2 Jahre alt, für 2.500 Euro gewesen.

Tja, was soll ich sagen: nach nur zwei Besichtigungen haben wir unser Traumauto hier auf der Insel gefunden! Ein silberfarbenes Chrysler-Cabrio, 15 Jahre alt, ohne Anhängerkupplung, dafür mit defektem Radio. Es hat Servolenkung, ein halbautomatisches Stoffdach und vor allem: VIEL Platz! Im Kofferraum könnten locker noch zwei Kinder mitfahren, einer exzessiven Materialbeschaffung für unsere kleine Baustelle steht also nichts im Wege. Die schwarzen Ledersitze riechen wie Omas Keller nach drei Tagen Starkregen und dank der laut quietschenden Lenkung hören uns die anderen Verkehrsteilnehmer rechtzeitig, so dass wir auf penetrantes Hupen verzichten können.

Ich liebe diese alten Kutschen, es gibt eine ausreichende Knautschzone und man fühlt sich wie die Königin der Straße. Ja, zugegeben, Teile der jüngeren Generation finden das Auto »peinlich«, aber das mag eventuell auch am Teenager-Alter liegen ...

Am ersten Morgen nach unserer Ankunft steigen wir also stolz wie Bolle in unser eigenes Auto, der Schlüssel dreht sich wie geschmiert.

Der Motor sagt leise »ühü-ühü« und danach nichts mehr. Hm.

Nach einem fulminantem fünfminütigem »Ühü«-Konzert lassen wir unser Cabrio mit offener Motorhaube und liebevoll an das mallorquini-

sche Stromnetz gekoppelt zurück, schwingen uns auf unsere Armada ebenfalls quietschender Drahtesel und strampeln sportlich in den sonnigen Morgen. Materialbeschaffung verschoben ... auf wann?

Mañana.

Es wird mal wieder Zeit

Wie finden wir unser Zuhause? Gehen wir ganz selbstverständlich davon aus, dass das Heim, in dem wir wohnen, auch unser Zuhause sein müsste? Gehört unser Mikrokosmos um uns herum ebenso dazu, wie die vier Wände, in denen wir leben? Wie sehr sind wir überrascht, wenn wir bemerken, dass ein neuer Ort ebenso unsere Heimat werden kann, wie das Altvertraute, das wir zurücklassen? Wieviel sind wir bereit, von unserem bisherigen Leben aufzugeben? Zu Beginn unseres Sabbatjahres war das noch nicht absehbar ...

Wir haben es tatsächlich geschafft! Wir sind auf der Insel gelandet! In unserem eigenen Haus! Eine meiner ersten feierlichen Handlungen ist es, das kleine Schildchen mit dem unschlagbaren Spruch »*Es wird mal wieder Zeit für einen MUTausbruch*« an unsere Küchenvitrine aus den 70er Jahren zu hängen, für jedermann sichtbar und jeden Tag aufs Neue einer der Gründe, warum wir hergekommen sind. Andächtig räume ich den Kleiderschrank voll, welcher, ebenfalls holzig und riesengroß, die gesamte Wand unseres Schlafzimmers ausfüllt.

Im Geiste nehme ich bereits leise Abschied von dem riesigen Kerl, denn dieses Zimmer soll bald, mit einem großzügigen Durchbruch zum Wohnbereich versehen, zur gemütlichen Wohnküche werden. So zumindest der Plan.

Im Halbdämmer öffne ich die Schranktür zu den Fachböden, um die restlichen T-Shirts und Hosen zu verstauen. »Flatsch!« macht es, und erschrocken fahre ich zusammen.

Mein Wäschestapel wandert spontan Richtung Fußboden und legt sich dort in breitgefächerter Form gemütlich ab. Ein dunkles, handtellergroßes Etwas hat sich von der Innenseite der Tür direkt vor meine Füße fallen lassen und wuselt nun auf kurzen, dicken Beinche davon in die dunkelste Ecke des Raumes.

»*Ein Gecko!*« schießt es mir durch den Kopf und eine Gänsehaut überzieht meinen ganzen Körper. Allerdings eher vor Freude als vor Ekel, denn diese kleinen Tierchen bringen Glück und daran will ich in diesem Moment natürlich nur zu gerne glauben.

Da ich den kleinen Mitbewohner nicht unnötig quälen möchte, indem er tagelang in unserem Haus gefangen ist, bugsiere ich ihn in mein größtes Weizenglas hinein, welches wir mitsamt dem Häuschen erworben haben. Dass es mir in den kommenden Wochen noch so häufig als Tiertransporter dienen sollte, ahne ich zu diesem Zeitpunkt noch nicht.

Zwei Tage später höre ich, übrigens nicht zum ersten Mal an jenem Vormittag, das laute Gezeter meiner Teenagertochter bereits, als ich in der Küche unseren Frühstückskaffee koche. Genervt kommt sie aus dem Garten hinein ins Haus gelaufen.

»Mama!«, schallte es mir in höchst vorwurfsvollem Ton entgegen. »MAMA!«

»Ja, bitte?« Da ich mich in diesem Jahr in grenzenloser Geduld üben will, ist das ein guter Zeitpunkt, damit zu beginnen, finde ich.

»Hilf mir mal!«, mault meine Tochter direkt weiter und zerrt ungeduldig an ihren Haaren am Hinterkopf. Irgendetwas hat sich anscheinend unter ihrem Pferdeschwanz verfangen. »Da steckt ein Ast, der kratzt mich die ganze Zeit!« Bevor ich mir die Sache näher ansehen kann, zieht sie das Objekt des Unbehagens hinter ihrem Rücken hervor, betrachtet es kurz und brüllt wie am Spieß los. Wie von Furien gejagt stürzt sie laut schreiend davon und versteckt sich in der hintersten Ecke ihres Zimmers.

Ich stehe wie vom Donner gerührt, bis ich es zu meinen Füßen entdecke: Etwa zehn Zentimeter lang, dunkelbraun und aus seinen großen, glasigen Glubschaugen die fremde Umgebung betrachtend, sitzt das arme Tier ebenfalls wie vom Donner gerührt vor mir und streckt mir seine kleinen Ärmchen entgegen.

Eine Gottesanbeterin! Diese spontane Erkenntnis trägt nicht gerade zu meiner eigenen Entspannung bei. *Sind die giftig? Hoffentlich beißt sie nicht! Bleib bloß sitzen, wo du bist! Wo ist mein Weizenglas?*

Ja, an die hiesige Fauna und Flora müssen wir uns erst einmal ge-
wöhnen, die noch folgenden Erlebnisse mit Ratten und Mäusen
behalte ich an dieser Stelle lieber für mich. Unsere kurzzeitig auf-
keimende Idee, zwei bis drei Hühner in unseren Garten aufzu-
nehmen, haben wir schnell wieder verworfen, nachdem Juan die
Nase rümpfte und uns zu verstehen gab, wie sehr die Tiere auch
ohne mediterrane Sommersonne stinken. Netterweise versorgt er
uns weiterhin mit frischen Eiern, sodass wir auf diesen Genuss
nicht verzichten müssen.

Die Pflanzenwelt der Insel kommt mir, im Gegensatz zu den Tie-
ren, sehr entgegen. Im Artenreichtum eher unaufdringlich, ist es
einfach, sich zurechtzufinden. Die meisten Pflanzen brauchen
wenig Wasser, die riesigen Kakteen, welche überall am Weges-
rand wild wachsen und hundert Jahre alt werden, sind inzwischen
zu meinen absoluten Lieblingen geworden: Ableger bekommt
man ganz einfach, indem man ein großes Blatt quer in der Mitte
abschneidet und das Blatt mit der Schnittkante nach unten in einen Topf oder direkt ins Blumenbeet pflanzt. Schwupps, ein bisschen Wasser drauf und man kann zusehen, wie sich neue Blätter
bilden und der Kaktus sich zu seiner ganzen Pracht entfaltet. Im
Winter erntet man dann die Kaktusfeigen. Der mallorquinische
Geheimtipp zu deren Verzehr lautet: Als Brotbelag mit Olivenöl

aufs »Pa amb Oli« (Das bedeutet wörtlich: »Brot mit Öl« und bezeichnet die klassische »spanische Brotzeit«.) Doch bei der Ernte der Kaktusfrüchte ist Vorsicht angesagt, die mikrofeinen Stacheln bekommt man tagelang nicht mehr aus der Haut. Daher bitte mit Gummihandschuhen und Pinzette agieren!

Generell sind die meisten Pflanzen nach wie vor gerne als Nahrungslieferant gesehen. Aus fast allen Blättern kann man irgendwelche hilfreichen Tees zubereiten. Als Getränk gegen Rheuma, Regelschmerzen, Kopfweh und sonstige Gebrechen nützlich oder zum Einreiben für schöne Haut und starke Gelenke. Zitronen und Orangenbäume gehören zur Standardausstattung eines jeden Gartens und aus den Früchten des Mispelbaumes, auf Mallorquinisch »Nispro«, der Insel- Variante der Mirabelle mit einem Schuss Exotik, werden leckere Marmeladen und Brotaufstriche hergestellt.

So kann man sich, wenn man möchte, tatsächlich gut aus seinem eigenen Garten versorgen. Allerdings sollte man sich den regen Flugverkehr über der Insel noch einmal ins Gedächtnis rufen, bevor man gedanklich das Gütesiegel »Öko« an die heimischen Produkte vergibt ...

03. September 2018

- Eine Woche -

Ich bin fertig wie ein Brötchen. Zugegeben, wir sind im Normalfall und im Besonderen in Deutschland nicht die allergrößten Bewegungsmonster. Ein gemütliches Sofa mit Fernseher, ein schöner Grillabend im Garten, eine kleine Feier am Wochenende – so haben wir bisher die Abende sehr gut verbracht, auch ohne uns sportlich zu betätigen. Das haben wir in den letzten acht Tagen eindeutig kompensiert.

Ich weiß gar nicht, ob wir hier ein Sofa besitzen, geschweige denn einen Fernseher. Eventuell haben wir unseren Ehrgeiz unterschätzt, angefangene Dinge auch zu Ende zu führen und vor allem rechneten wir nicht mit dem dornröschenartigen Schlummer, in den das Häuschen seit Jahrzehnten gefallen ist.

Egal in welcher Ecke wir zugreifen, es erschließen sich sofort neue Arbeitswelten, von welchen wir die Finger nicht lassen können – hauptsächlich auch deshalb, damit wir nicht auf einer kompletten Baustelle wohnen.

Also liege ich jetzt platt wie eine Flunder auf der herrlichsten Gartenliege der Welt und kann kaum noch krabbeln. Aber es ist nicht schlimm, dar-

um sind wir ja hier und so widme ich mich ausgiebig der spanischen Siesta.

Tatsächlich sind wir aber nicht nur mit Arbeit beschäftigt. Am vergangenen Wochenende hat Rafael eingeladen, da konnte ich natürlich nicht widerstehen. So waren wir mit der ganzen Family bei der »Rafa Nadal Open« im Rahmen der ATP Challenger Tour, meinem ersten offiziellen Tennisturnier. Wir haben zum Warmwerden erst mal nur als Zuschauer teilgenommen, vielleicht ändert sich das im kommenden Jahr.

Außer meinem Mann hat der restliche Teil der Gruppe bisher recht wenig Bezug zum Tennisspielen. Die aktive Laufbahn ist bei uns allen schon etwas länger her, bei unserem Sohn hat sie noch nicht einmal begonnen.

So fahren wir mit einer Stimmungskurve von euphorisch bis gelangweilt in unserem silberfarbenen Flitzer zur Austragungsstätte. Laut quietschend parken wir selbstbewusst zwischen Porsche und BMW, einigen misstrauischen Blicken der polohemdgekleideten und Slipper beschuhten Tennisfans aus Nah und Fern ausgesetzt.

Im nagelneuen Gebäude und um den Centercourt herum herrscht emsiges Gewimmel. Es spielt Matthias Bachinger, das deutsche Talent aus München, im Endspiel gegen den Australier Bernard Tomic.

Wir warten brav, bis der Satz beendet ist, dann huschen wir schnell auf die Zuschauertribüne. Das ist ja wie in der Kirche: »Macht keinen Lärm und nur Flüstern!« Als ein gelbes Geschoss mit 200 km/h an uns vorbeiflitzt, fragt unser Junior dann doch mal kurz erstaunt: »Was war denn das?« »Der Tennisball.«

Ich bin zugegebenermaßen ziemlich schnell gefangen von der Atmosphäre. Gespannte Stille, Aufschlag, Netz, ein Raunen geht durch die Menge. Die Spieler kämpfen, schenken sich nichts, ein überraschender Ballwechsel – wo landet er? Kollektives Jubeln, Szenenapplaus. Die Flutlicht - Beleuchtung zieht Schwärme von Motten an, diejenigen die herunterfallen, haben einen Freiflug mit dem Tennisschläger gut.

Parallel spielt Rafael bei den US Open, im großen Saal wird das Spiel live übertragen und die stolzen Mallorquiner fiebern lautstark mit. Wir tun das Gleiche bei Matthias, allerdings nicht ganz so lautstark, das ist ja verboten.Am Ende hat es für den Sieg ganz knapp nicht gereicht, im Tie-Break setzt sich der Australier durch. Uns macht das ganz und gar nichts aus, die Kinder sind stolz auf ihr Selfie mit Matthias und unterhalten sich höchst professionell über Weltranglisten und Volleys.

So laufen wir kurz vor Mitternacht in der Traube der Polohemden zurück zum Parkplatz. Fahren durch die laue, nach Meer duftende Sommerluft Richtung Häuschen, an Bord des silbernen Flitzers mindestens drei Tennisfreunde mehr.

13. September 2018

- Basura, basura -

Haha, »again what learned«. Folgendes hat sich zugetragen: Wie ihr ja inzwischen mitbekommen habt, sind wir ausführlich am Entrümpeln und die Unmengen an Müll, die wir aus sämtlichen Ecken unseres Häuschens hervor schleifen, sollten natürlich am Ende des Tages irgendwo entsorgt werden.

Dazu muss man wissen, dass die Mülltrennung auf Mallorca bisher noch nicht wirklich auf dem Vormarsch ist. Alles, wirklich ALLES, wird in die großen Mehrfamilienhaus – Plastiktonnen gestopft, die dann jede (!) Nacht von der Müllabfuhr geleert werden. Also wenn Dein Schlafzimmer ungünstig liegt, kannst Du zu nachtschlafender Stunde, ca. um zwei Uhr, den Müllmännern bei ihrem Dienst zuwinken und ihnen vielleicht einen Kaffee anbieten.

In diesem Jahr allerdings sind einige Änderungen der aktuell amtierenden »grünen« Regierung zu spüren, und insgesamt kann das der Umwelt und der Insel natürlich nur guttun.

So wurden vor der Sommersaison in den Gemeinden unterirdische Container zur Glas-, Plastik- und Papiertrennung installiert und ebenfalls in diesem Jahr verkündeten die hiesigen Medien voller Stolz, dass es Pfandautomaten für Plastikflaschen geben wird.

Ja, ich weiß, das klingt ziemlich »Retro«, wenn man bedenkt, wie lange es in Deutschland schon den Flaschenpfand gibt ... doch wahrscheinlich müssen wir froh sein, dass sich wenigstens jetzt langsam etwas in diese Richtung bewegt.

Aber das ist nicht der einzige Bereich, bei dem man das Gefühl hat, plötzlich in einen Lebenswandel wie vor fünfzig Jahren zurück katapultiert worden zu sein.

Neben der fehlenden Mülltrennung gibt es die übliche Sitte, noch relativ gut erhaltene und funktionierende Dinge nicht zum Sperrmüll zu fahren, sondern einfach neben der bereits erwähnten großen Tonne auf der Straße zu deponieren. Und, ich habe es selbst nicht geglaubt, nach maximal einer halben Stunde sind die Sachen weg.

Und warum? Wegen des »campos«. Dem Land, den armen Leuten. Es gibt sie hier tatsächlich, und es gibt viele davon. Ein Thema, das mich teilweise betroffen macht, denn wenn Dir die Leute zum Dank für Deinen Müll Eier von ihren eigenen Hühnern bringen, berührt mich das schon.

Auch das sind Mallorcas Seiten, fernab von Hochglanztourismus und Ballermann. Für mich teilweise kaum zu glauben, denn aus der Ferne betrachtet ist es doch eine reiche Insel...oder?

Da wir nun um diese Sitte wissen, deponieren wir unseren Sperrmüll weithin sichtbar auf dem Grünstreifen vor unserem Häuschen, denn es kam schon des Öfteren vor, dass von draußen ein gutgelauntes, aber durchaus auch forsches »Hola!« ertönte und ein kleiner Transporter samt dazugehöriger Spanier, Marokkaner, Mallorquiner, Banditos oder Pirates stand, die mit breitem Lächeln und mit Händen und Füßen nachfragten, ob sie den ganzen Kram mitnehmen dürften. »Si! Todo! - Natürlich, alles!«

Zugegeben, für uns ist das die einfachste Lösung, denn dann sparen wir uns die Entsorgung und können - vielleicht — sogar noch an der einen oder anderen Stelle helfen. So hat sich also auch im Laufe der vergangenen Woche ein imposanter Haufen Müll vor unserem Häuschen postiert und wartet auf weitere Anweisungen. Es ist inzwischen wirklich ein Haufen.

Just heute sagten mein Mann und ich zueinander: »Komisch, bis jetzt wollte noch niemand etwas mitnehmen...« und dabei haben wir schon fein säuberlich in Metall und Holzmüll getrennt. Tja, was soll ich sagen »Zwei Doofe, ein Gedanke«. Als wir in unserem silbernen Allzweckflitzer vom Baumarkt zurückkommen und in unsere Einfahrt einbiegen, fahren wir fast eine Dame über den Haufen, die suchend vor unserem Einfahrtstor steht.

Na, so was, kaum bestellt, schon da. Ich winke ihr freundlich zu, um ihr zu signalisieren, dass sie bei uns genau richtig ist!

Da fragt sie auch schon und zeigt auf den Sperrmüll vor dem Haus: »Estan los propietarios?« - Sind Sie die Eigentümer?

»Si!«, rufe ich ihr freudestrahlend vom Auto aus zu – ich wusste doch, dass jemand kommt! »Todo basura! Puedes tomar todo!« – Alles Müll, das kannst Du alles mitnehmen!

Sie ist allerdings noch nicht so begeistert, wie wir das gewohnt sind, also parken wir erst einmal und steigen aus.

Dann stehen wir vor ihr und sie sagt doch glatt: »Estoy del Ayuntamiento – Ich bin vom Rathaus. Sie dürfen Ihrem Müll nicht vor dem Häuschen abladen, das ist Zona Verde.«

Oh. Spontan bin ich nicht mehr ganz so euphorisch. Es ist wohl unwahrscheinlich, dass sie den Müll direkt mitnimmt.

Nun gut, das Ende vom Lied ist also: Wir haben noch bis MORGEN (= Mañana) um 12:00 Uhr Zeit, die »Zona Verde« der Gemeinde zu räumen, ansonsten gibt's eine Sanktion.

Und wieder sind wir heilfroh, dass uns unsere spanischen Freunde unter die Arme greifen, der Pickup ist für 10:00 Uhr bestellt, um alles zur Deponie, die es natürlich auch gibt, zu fahren.

Trotzdem glaube ich immer noch an das Universum, denn am selben Nachmittag, gegen vier Uhr, hören wir ein lautes »HOLA!« vor unserer Einfahrt und als wir die Tür öffnen, steht da ein kleiner Transporter. Der zugehörige Marokkaner mit seiner Frau fragt mit breitem Lächeln: »*Eso es basura? Puedo tomar?* – Darf ich das mitnehmen?«

»*Si! TODO!!!*«

Happy birthday

Wieviel Routine braucht der Mensch? Lieben wir Überraschungen oder legen wir Wert auf unseren geregelten, immer gleichen Tagesrhytmus? Wirft uns eine Planänderung aus der Bahn? Sind wir offen für spontane Ereignisse in unserem Leben?

Von »Routine« waren wir auf der Insel noch relativ weit entfernt und im Großen und Ganzen genossen wir die immer neuen und unbekannten Situationen, mit denen wir konfrontiert wurden.

Doch jeden Tag Aufregung musste nun wirklich nicht sein ...

»Como???«, brülle ich angestrengt ins Telefon und presse es so stark an mein Ohr, dass es zu schmerzen beginnt.

»Hola!...no se donde...multa...vale?«, kommt die abgehackte Antwort rauschend und knarzend zurück.

»Hä? Ich versteh` überhaupt nix.« Hilfesuchend sehe ich zu meinem Mann hinüber, der in Seelenruhe seine dritte Tasse »café con leche« austrinkt und gemütlich mit den Schultern zuckt, während er den Blick über das türkisfarbene Meer, das sich einladend vor uns ausbreitet, schweifen lässt.

Bevor ich mich jetzt weiter mit dem spanischen Herrn am Smartphone herumschlage, lege ich einfach auf und bringe mal ein bisschen Schwung in die Sache: »Ich habe fast nichts verstanden, aber er hat was von »Multa« gesagt, also »Strafe«. Das hat garantiert wieder was mit dem Rathaus zu tun, vielleicht hat uns doch jemand angezeigt wegen unserem Müllhaufen vor der Türe?«, bringe ich meinen Mann auf den neuesten Stand der Dinge.

Nun schaut er tatsächlich nicht mehr ganz so gemütlich aus und nachdem wir unseren Kaffee bezahlt haben, eilen wir im Sauseschritt zum Cabrio, das an der Ecke steht, um auf dem schnellsten Weg zum Häuschen zu gelangen, in der Hoffnung, das Schlimmste vor Ort noch abwenden zu können. Kaum sitzen wir auf den schwarzen Ledersitzen, klingelt das Handy schon wieder.

Erneut versuche ich in wirklich schlechtem Spanisch, herauszubekommen, um was es eigentlich geht. Nach weiterem erfolglosen Hin- und Her wird es mir schließlich zu bunt und so beende ich das Gespräch mit: »Warten Sie bitte dort, wir sind in 5 Minuten da! - Cinco minutos!« Das wird der spanische Herr wohl verstanden haben.

Mit, wie üblich, quietschenden Reifen parken wir kurze Zeit darauf vor unserem Haus, jedoch ist weit und breit niemand zu sehen. Dafür schrillt schon wieder das Telefon. »Jetzt langt´s aber bald!« schimpfe ich los, meine guten Vorsätze zwecks Geduld usw.

spontan über den Haufen werfend. »HOLA!« schnauze ich in das unschuldige Smartphone und höre nun zum dritten Mal die Stimme des ebenso unschuldigen Spaniers. Wenigstens ist der Empfang dieses Mal ungestört und so kann ich ihm gleich darauf, an der Straße stehend und wild winkend, von Angesicht zu Angesicht zu verstehen geben, wo wir uns befinden. Inzwischen bin ich wirklich neugierig und auch ziemlich aufgeregt, denn eine Strafzahlung vom Rathaus ist ungefähr das Letzte, was wir gebrauchen können. Der junge Kerl ist allerdings so erleichtert, dass er uns gefunden hat, dass mir Zweifel kommen, ob ich die Lage richtig eingeschätzt habe.

Er läuft geschäftig um seinen kleinen weißen Lieferwagen herum, öffnet die Tür des Kofferraumes und bringt mir: einen riesenhaften, wunderschönen Blumenstrauß, garniert mit den Worten »Feliz cumpleaños! - Herzlichen Glückwunsch!« Der arme Blumenbote war wirklich schon am Verzweifeln, weil er meinen herrlichen Geburtstagsgruß nicht loswerden konnte!

Mit unzähligen, von Herzen kommenden »Muchas gracias, vielen Dank!«, schicken wir ihn schließlich weiter, sehen uns ungläubig an und lachen los.

»Nix mit »Strafzahlung vom Rathaus«, zieht mein Mann mich auf und ich kichere aufs Neue. »Also, diese Überraschung ist mir tausendmal lieber!«, stelle ich fest und umarme gerührt das riesige

Blumenbündel, das mir meine lieben Freundinnen aus Deutschland quer über das Meer geschickt haben.

Das Wort »Multa« hat auf jeden Fall seit diesem Tag in unseren Ohren einen etwas blumigeren Klang bekommen.

Und ich habe ein paar neue spanische Vokabeln dazugelernt. So sind die ersten drei Wochen unseres Sabbatjahres bereits in Land gegangen, sind wir schon »angekommen«?

17. September 2018

- Vertrauen ist gut -

»Und? Wie fühlst Du dich?« frage ich meinen Mann begeistert am Tag nach unserer Ankunft auf der Insel. »Irgendwie noch nicht so vertraut«, kommt die etwas verhaltene Antwort. Hm. Das ist allerdings nicht ganz das, was ich erwartet habe ... Denn wir kommen ja inzwischen wirklich häufig nach Mallorca, kennen unseren Mikrokosmos, die Umgebung, den Bäcker, das Meer, verstehen die Sprache und haben spanische Freunde gefunden.

Und doch ist es anders.

Warum? Nicht, weil wir diesmal länger bleiben. Wir machen Pause. Wir haben viel Vertrautes zurückgelassen. Wir haben Verantwortung abgegeben und ja, wir haben uns ein bisschen aus dem Staub gemacht, anderen unsere Aufgaben übertragen. Mein Haus, mein Hase, mein soziales Umfeld, meine Freunde, meine Familie.

Unser Haus vermisse ich überhaupt nicht. Ist das erschreckend? Ich vermisse im Allgemeinen nur etwas, womit ich mich wohl gefühlt habe. So lasse ich mit dem Haus offensichtlich eine leere Hülle zurück, denn das Wesentliche, meine Familie, habe ich mitgenommen. Auch die Pause von meinen sozialen Engagements tut mir erstaunlicherweise ganz gut, das habe ich nicht erwartet. Eventuell sollte ich noch einmal darüber nachdenken, welche Dinge ich aus Überzeugung tue und welche anderen zuliebe ... Auf Dauer wird nur das überleben, was von Herzen kommt.

Hier haben wir bislang wenig soziale Kontakte. Die vergangenen drei Wochen waren geprägt von Arbeit und Familie. Das Vertrauen ist gewachsen, das Häuschen wird langsam unseres, ein Zuhause. Wir sitzen wirklich eng aufeinander, doch das funktioniert besser als befürchtet. Wir haben viel weniger Materielles als in unserem alten Zuhause, aber viel mehr voneinander.

Meine Tochter freut sich über einen Mülleimer in ihrem Zimmer und einen neuen Geldbeutel. Auch das ist überraschend, wenn man bedenkt, mit wie viel Kram unsere Kinderzimmer in Deutschland vollgestopft sind und ich trotzdem immer den Eindruck habe, es ist nie genug. Doch wir können hier nicht ewig im eigenen Saft braten, den Schritt heraus aus unserem Kokon haben wir bisher allerdings noch gescheut. Vertrauen aufzubauen ist wohl manchmal gar nicht so leicht? Am Mittwoch hat die Schule begonnen, eventuell ist das der erste Schritt ...

Ja, wir haben einiges zurückgelassen als wir gingen, doch wahre Vertrautheit lässt sich nicht abstellen, egal wie viele Meilen auch dazwischen liegen mögen. Die Menschen und Dinge, die wir im Herzen tragen, werden wir nicht verlieren. Und so vertrauen wir darauf, dass es sein wird, als wären wir nie weg gewesen, wenn wir zurückkommen.Es ist inzwischen 4:35 Uhr und es zieht ein Gewitter auf. Genug geschrieben.

Um die anderen nicht zu wecken, lege ich mich im Wohnzimmer aufs mallorquinisch bunt gemusterte Ausziehsofa und decke mich mit der riesigen Foto-Kuscheldecke meiner Freundinnen zu. Mir wird warm ums Herz und bevor ich einschlafe, kommt mir noch ein Zitat in den Sinn – schon oft gehört, doch absolut zeitlos:

»Man sieht nur mit dem Herzen gut ...«

Lies mal wieder »Der kleine Prinz« und nimm Dir Zeit für das Wesentliche.

Wie aus dem Nichts

Wieviel Arbeit verträgt ein »Sabbatjahr«? Klingt dieses Wort nicht in vielen Ohren nach süßem Nichtstun? Ursprünglich bezeichnet der Begriff ein Ruhejahr für das Ackerland. Doch wieviel Ruhe verträgt unser eigenes »Sabbatjahr«? Lassen wir manches brachliegen und arbeiten nur das Nötigste? Oder finden wir die Ruhe gerade in der Ausübung von Dingen, die wir sonst nie tun?

Es ist nicht einfach, eine Balance zu finden, das sollten wir in den kommenden Monaten noch häufig feststellen. Doch bevor uns die fortschreitende Zeit auf der Insel viele Erkenntnisse bescherte, begannen wir mit der Planung unserer Hausrenovierung. Und die führte zu einer Begegnung mit unerwartetem Ausgang ...

»Hello, nice to meet you!« Vom Wintergarten aus beobachte ich, wie mein Mann das Ehepaar, dass ich altersmäßig in unseren eigenen Breitengraden einschätze, an unserem Eingangstor willkommen heißt und sich mit ihnen im Schlepptau dem Haus nähert. Langsam wird es ernst! Die Einrichtung der Baustelle schreitet voran und wir verkaufen Teile unserer Möblierung. Mit etwas Glück werden wir in wenigen Minuten zwei der riesigen Exemplare los sein. Wie schon erwähnt, muss der geräumige Schlafzimmerschrank weichen und, zu meinem leisen Bedauern, auch das mallorquinisch gemusterte Ausziehsofa, auf dem ich bis dahin schon einige Nächte verbracht habe.

Die blonde Frau begrüßt mich herzlich, ihr großgewachsener schlaksiger Ehemann würdigt mich keines Blickes, sondern schreitet direkt zur Tat. Mit seinen rabenschwarzen, tiefliegenden Augen begutachtet er fachmännisch die angebotenen Möbelstücke und nickt schließlich zustimmend.

»Ja, ich nehme beides. Morgen komme ich zum Abholen.«

»Super!«, freue ich mich spontan und lautstark und ernte dafür einen finsteren Blick des zigeunerhaft anmutenden Machos, als wäre er ziemlich überrascht, dass es Völker auf dieser Erde gibt, wo Frauen in Gegenwart von Männern sprechen dürfen. Zur Strafe quatsche ich gleich weiter: »Vormittags wäre für uns am besten, um wieviel Uhr ginge denn?«

»Am Nachmittag ist auch in Ordnung!«, fällt mein Mann mir überraschenderweise in den Rücken und gemeinsam wenden sich die beiden von mir ab, um die Details zu besprechen.

»Dann halt nicht«, denke ich beleidigt und lasse die arme Ehefrau, die ganz offensichtlich nichts zu melden hat, höchst unhöflich an Ort und Stelle stehen. Den Weg hinter ihrem Mann her wird sie wohl allein finden. Wenigstens sind wir die Möbel los.

»Also, wenn *das* kein Glücksfall ist!« Mein Mann kann sich kaum beruhigen.

Nach gut zehn Minuten kommt er von seiner spontanen Besprechung an unserem Eingangstor zurück ins Wohnzimmer und unterbreitet mir die guten Nachrichten.

Ich bin noch etwas verhalten erfreut, hat er mir doch soeben eröffnet, dass wir den Zigeunerchef nun öfter in unserem Haus sehen werden.

Folgendes hat sich herausgestellt: Der düster blickende, große Mann heißt Sergio, arbeitet praktischerweise als Bauleiter und würde sich um unsere Baustelle kümmern. Er besorgt uns Arbeiter sowie Material und Maschinen. Durch seine guten Kontakte auf der Insel kann er alles recht schnell beschaffen, die neue Wasserinstallation will er selbst übernehmen.

Mein Mann hat den Plan, mehr oder weniger als »Hilfsarbeiter« zu fungieren, was ihm zu diesem Zeitpunkt sehr in die Karten spielt.

»Wenn die Bauleitung jemand übernimmt, der Ahnung vom Geschäft hat, ist mir das mehr als recht. Wir holen uns auch wieder unseren Elektriker von der Renovierung der Wohnung dazu und dann müsste es mit unserem Zeitplan locker hinkommen. Anfang November geht es los. Perfekt!«, freut er sich.

Etwas schief strahle ich zurück.

Mein Bauch grummelt ein bisschen bei dieser märchenhaft klingenden Entwicklung, doch mangels ernsthafter Alternativen ignoriere ich das mulmige Gefühl großzügig und freue mich auch. Wie heißt es so schön: »Wer nicht wagt, usw.« Also springen wir los. Mitten ins kalte Wasser.

23. September 2018

- Wir tauchen ab -

Jippieh, Sonntag! Heute gehen wir ans Meer.

Das klingt irgendwie ein bisschen komisch, weil wir jetzt ja eigentlich immer ans Meer gehen können … und was passiert? Wir machen es nicht. Der Alltag hat uns anscheinend auch hier schon gut im Griff und so sind wir unter der Woche ebenso wenig am Meer wie der Spanier an sich.

Das wollen wir jetzt entsprechend nachholen und packen den Silberflitzer voll mit unseren Strandutensilien und unserer neuesten Errungenschaft: zwei Super-Schnorchelmasken, die das Gesicht vollständig bedecken, damit man unter Wasser atmen kann und die ein bisschen so auschauen, als würde Darth Vader zum Karneval gehen. Auf geht's zum Test, ich bin gespannt.

»MAMA!!!«

Ja, ich komme schon. Der Rest meiner Familie steht wild winkend und laut rufend auf der kleinen Sandbank im Meer, ungefähr zwanzig Meter von mir entfernt, und zeigt mir die besten Stellen zum Schnorcheln. Ich schaue mich suchend am Strand um, welche Mama da wohl gemeint sein könnte, es muss ja nicht jeder wissen, dass ich diejenige mit den Krachmachern bin.

So richtig einladend finde ich das Wasser heute nicht. Die Bucht ist schmal und ziemlich schmutzig. Die Gewitter der vergangenen Woche haben einiges an die Strände gespült. Algen, kleine Quallen, Zigarettenstummel, Slipeinlagen (!) und ziemlich viele kleine Plastikreste treiben an der Oberfläche, was zusammen mit den vom Sonnenöl glitschigen Touristenkörpern, die mir im Weg herumstehen, keine gute Mischung ergibt. Nein, nicht sehr einladend, aber was soll's, heute gehen wir ins Meer.

Seufzend setze ich die blaue Supermaske mit der leuchtend orangefarbenen Antenne auf und mache mich widerwillig auf den Weg ins Wasser hinein, bevor die Family wieder alles zusammenbrüllt. Mit dem Sexappeal eines Teletubbies wate ich auf Zehenspitzen und mit abgespreizten Fingern durch das überfüllte Wasser und komme mir dabei recht dämlich vor.

Endlich erreiche ich den kleinen Felsen, den mein Sohn bereits wild schnorchelnd umrundet und sichtlich Freude dabei hat. Von seinem Anblick ermutigt hole ich selbst noch einmal tief Luft und tauche ab. Es sprudelt weiß um mich herum, ich kann nichts sehen, die Wellen schwappen über meinen Kopf, meine Ohren laufen voll Wasser. Ich rudere wild mit den Armen und habe sofort Schnappatmung. Wie ein begossener Pudel tauche ich umgehend wieder auf und reiße mir die Maske vom Kopf.

Ich brauche frische Luft! So habe ich mir das nicht vorgestellt. Ich starte noch zwei weitere erfolglose Versuche, meiner romantischen Vorstellung vom Schnorcheln im kristallklaren Meerwasser zu folgen, doch dann gebe ich auf und schleiche ernüchtert durch das immer noch schmutzige und überfüllte Wasser wieder zurück an den Strand. Nein, die Maske und ich sind keine Freunde, das müssen wir noch üben.

Tatsächlich hat mich aber auch der Zustand des Meeres erschreckt und etwas nachdenklich zurückgelassen. Keine bunten Korallenwelten, keine lustig umherschwirrenden Fischschwärme, das Meer ist trüb, die Felsen braun und die Pflanzen abgestorben. Das mag so nah am Ufer vielleicht normal sein, doch eigentlich wissen wir, dass es auch viele Kilometer weiter draußen nicht besser aussieht. Unser sorgloser Umgang mit vielen Dingen, die uns eigentlich lieb und teuer sein sollten, lässt auf Dauer Wunden zurück ...

Für heute haben wir genug Meer genossen und machen uns auf den Weg zum Essen. Unsere mallorquinischen Freunde zelebrieren jeden Sonntag um zwei Uhr mittags die traditionelle Paella auf ihrer kleinen Finca am Ortsrand, zu der auch wir herzlich eingeladen sind. Und wieder sind alle da und ich fühle mich sofort aufgehoben. Die etwas verunglückte Schnorchelaktion von heute Morgen verblasst in der entspannten Mittagsruhe und ich lasse mich gerne einlullen.

Die beiden Omas sitzen in bequemen Schaukelstühlen im Schatten der großen Terrasse und beobachten amüsiert das Geschehen um sie herum. Beide sind ziemlich schwerhörig, das tut der guten Stimmung aber keinen Abbruch, wir verstehen ja auch nicht alles. Mit fröhlichem Lachen und einem trockenen Rotwein überwindet man jede Sprachbarriere.

Sechs Kinder jeglichen Alters springen und toben im und um den herrlich hellblauen und mit glasklarem Wasser gefüllten Pool herum, die Jungs spielen zwischendurch barfuß eine Runde Fußball hinter dem Haus. Die acht kleinen Kätzchen verdrücken sich bei dem Getöse lieber schnell ins Gebüsch, doch sobald der Krach ein bisschen nachlässt, schleichen sie vorsichtig und neugierig wieder heran, schließlich gibt es Paella mit Garnelen.

Vor dem Essen gibt es wie üblich einige Kleinigkeiten gegen den Heißhunger wie Oliven, Chips, Brotscheiben mit Sobrassada oder ein Blech mit Paprikakuchen. Ich möchte mich gerne nützlich machen und schaue mal im Haus vorbei. Margarita steht in der mallorquinisch gemauerten Küche mit dem vielen Geschirr für die Großfamilie und bereitet das urtraditionelle spanische Essen vor. »Kann ich was helfen?« frage ich auf Spanisch und prompt kommt die Antwort »Si, du darfst die Paella kochen.« Ui.

Heiß!!! Mit rotem Kopf stehe ich bewaffnet mit einer karierten Schürze und einer viel zu kurzen Gabel an der riesige Paella-Pfanne und wende die Gambas im kochend heißen Olivenöl. Juan steht neben mir und gibt

Anweisungen. Das Geheimnis einer guten Paella ist die Hitze, darum wird sie ausschließlich auf Gasbrennern oder Gasherd gekocht. Tapfer kämpfe ich mich durch den aufsteigenden köstlich duftenden Dampf der Meeresfrüchte und des gebratenen Fleisches. Ich merke, wie ich – typisch deutsch (?) – viel zu ungeduldig bin. Ständig frage ich Juan: "Fertig?" und ernte nur ein lächelndes: "Mas – mehr", noch ein bisschen länger für den guten Geschmack. Ein weiteres Geheimnis der guten Paella: In der Ruhe liegt die Kraft.

»Muy rico! – sehr lecker!« Alle nicken mir anerkennend zu und futtern genüsslich. Die ganze Meute sitzt am meterlangen massiven Holztisch, sechzehn Personen werden mit meiner Paella satt. Juan war zum Glück zufrieden mit mir als kleinem Helferlein und ich habe jetzt ein waschechtes Paellarezept direkt von der Quelle in der Tasche. Bei Kaffee und selbstgemachtem »Hierbas«, dem giftgrünen Kräuterlikor der Mallorquiner, lassen wir den Tag ausklingen und kommen gegen Abend wieder in unserem Häuschen an; zufrieden und um einige Erfahrungen reicher.

Bei den Spaniern, die wir bisher kennengelernt haben, ist der Sonntag eindeutig der Tag der Familie. Entweder fahren alle gemeinsam aufs Land, beladen mit Picknickdecken, Essen und Rotwein oder die ganze Familie trifft sich in entspannter Stimmung auf der Finca.

In jedem Fall genießen sie den Tag fernab von der Hitze der Stadt und den überfüllten Stränden, ich denke, das wird auch für uns eine Alternative für unseren Sonntag werden.

29. September 2018

- Alles im Fluss -

Also. Wir haben hier ja hauptsächlich kaltes Wasser in der Leitung. Man hat immerhin die Auswahl zwischen kaltem Strahl oder lauwarmen »Nicht-so-sehr«-Strahl.

Kaum wartet man kurze fünf Minuten in der zum Nachbarn offenen Außendusche und vertreibt sich die Wartezeit laut singend und tanzend, erhascht man schließlich einen Nieselregen von angenehmen temperierten Duschtropfen, die einzeln von der Haut abperlend nicht vergessen, einige Nuancen des guten Lidl-Shampoos mit sich in den Abfluss zu führen.

Den Rest schmiert man einfach in das von Sonne und Wind in einer Viertelstunde getrocknete brettharte Handtuch und kann zur Not ja auch nochmal durchkämmen. Das ist übrigens keine Beschwerde, sondern nur eine Info. Ich habe bisher einfach die Vielfalt der Dinge unterschätzt und komme mit der Bandbreite an Auswahlmöglichkeiten kaum klar.

Wasser zu kalt?
a) trotzdem duschen, schnell wie der Wind

b) Duschen verschieben bis es draußen wärmer ist (ca. ab 10 Uhr)

c) Hoppla, Duschen vergessen.

Wasser zu warm?

a-c) ab ins Meer

Leider momentan gar kein Wasser?

a) Duschen verschieben. Mañana ist ja bekanntlich der beste Tag.

b) siehe a)

c) siehe a)

Es kann in der Tat vorkommen, dass das Wasser zeitweise komplett versiegt. Wir haben uns inzwischen angewöhnt, wie die Spanier für sämtliche Koch- und Trinkvorgänge einen Vorrat an riesigen 8-Liter Wasserkanistern im Häuschen zu bunkern. Diese wiederum sind extrem preisgünstig und natürlich in die hier üblichen Plastikflaschen gefüllt, so dass man sich bei dieser Mischung unweigerlich fragt, ob das Wasser aus der Leitung denn so viel schlechter sein kann? Nichtsdestotrotz folgen wir dem Trend und sind also für Kochen, Kaffee und Tee nicht auf das hiesige Leitungswasser angewiesen.

Unser Fazit bei Wasserausfall ist daher: nicht sehr schlimm, solange nicht tagelang das Wasser wegbleibt – was bisher zum Glück noch nie der Fall war – kann man das ganz gut überbrücken.

Lustig wird es auch, wenn zwar Wasser fließt, dafür aber kein Strom. Das wiederum zieht einen bunten Blumenstrauß an Kettenreaktionen hinter sich her, an deren Verknüpfung man im Traum nicht gedacht hätte.

Dazu plaudere ich mal kurz aus dem Nähkästchen, von einer herrlichen Reise, die ich mir mit meinen Freundinnen jedes Jahr gönne: »Es waren einmal fünf junge Chicas, die machten sich auf, die wunderschöne Insel Mallorca zu erkunden und bezogen zu diesem Zwecke einige Tage im Häuschen Quartier. Die Flugzeiten waren wie üblich abenteuerlich, so dass die fünf Mädchen erst spät in der Nacht erschöpft in ihre Betten fielen, um den verpassten Schönheitsschlaf ein wenig nachzuholen. Es war noch früh im Jahr, daher auch frisch an Temperatur, was den Wunsch der lustigen Mädchentruppe nach angenehm warmem Wasser begünstigte. So war es nicht verwunderlich, dass im Morgengrauen ein kleiner Schatten ums Haus schlich, Richtung Warmwasserboiler, um die gute Stimmung im Häuschen nicht zu gefährden.

»Es kommt kein Wasser!« tönte eine Stunde später ein Warnruf durch die Zimmer, was eine sofortige Versammlung in der schlauchartigen, antik senfgelb gefliesten Küche notwendig machte. Tatsächlich. Es tropfte. Mehr gab der Wasserhahn auch durch gutes Zureden, Herumrütteln und Schrauben nicht her. So konnte man wenige Minuten später in und ums Häuschen herum emsige Geschäftigkeit der Chicas wahrnehmen, auf der Suche nach der Quelle der plötzlichen Wasserknappheit.

»Der Boiler ist ja gar nicht richtig eingesteckt!« Und so war es tatsächlich. Frau Schlau der Truppe ist glücklicherweise auch ausreichend mit

Körpergröße ausgestattet, sodass der hoch über dem Boden hängende Boiler endlich genügend Strom bekam, um die Wasserleitung zu versorgen. Da der Vormittag inzwischen weit fortgeschritten war, alle nach der Suchaktion ausreichend erschöpft und reif für eine Sangria waren, verschoben die Mädchen das Duschen einstimmig auf den folgenden Tag.

Ein Wasserfall, zum Glück eher auswärts. Der folgende Tag begrüßte die Mädels mit sintflutartigen Regenfällen, wie sie auf der wunderschönen Insel Mallorca in regelmäßigen Abständen auftreten. Dergestalt geweckt, beschlossen die Chicas ein gemütliches Frühstück im Häuschen mit frisch aufgebackenem Brot und warmem Tee, denn nach wie vor war es früh im Jahr und daher frisch an Temperatur. Die zwar ausreichend in den Zimmern verteilten Heizkörper waren für die Mädchen bedauerlicherweise nicht hilfreich, da der Ölvorrat des Häuschens spontan zur Neige gegangen war. Daher wollte man nun die behagliche Wärme des Backofens auch zur Erhöhung der Raumtemperatur nutzen.

»Der Ofen geht nicht!« tönte plötzlich ein Warnruf durch die Zimmer, was eine sofortige Versammlung in der schlauchartigen, antik senfgelb gefliesten Küche notwendig machte. Tatsächlich. Der Backofen stand still, kein Lüftchen regte sich, nicht der leiseste Hauch war zu spüren.

So konnte man wenige Minuten später in und ums Häuschen herum emsige Geschäftigkeit der Chicas wahrnehmen, auf der Suche nach der Quelle der plötzlichen Wärmeknappheit. Die heftigen Regenfälle machten die Suche nicht wirklich angenehm, trotzdem kämpften sich die Mädels mit eisernem Willen durch die Widrigkeiten dieses noch jungen Tages.

»Hier ist eine Sicherung rausgeflogen!« Diese Information kam erstaunlicherweise nicht vom Sicherungskasten im Eingangsbereich des Häuschens, sondern aus den Tiefen des Pumpenraumes außerhalb des Gebäudes. Aha. Tatsächlich gibt es einen zweiten Stromkreis. Dieser wiederum war durch den sintflutartigen Regen in seiner Funktionalität leider kurzfristig extrem eingeschränkt, also verzichteten die Mädchen spontan auf Tee und heißes Gebäck, packten sich in das geräumige Mietauto und machten sich auf den Weg zu einem ausgiebigen, auswärtigen Frühstück. Bleibt noch zu erwähnen, dass der im Normalfall einwandfrei funktionierende zweite Stromkreis auch den Warmwasserboiler des Häuschens versorgt...so verschoben die fünf jungen Chicas das Duschen einstimmig auf den folgenden Tag.

Nach drei abenteuerlichen und erkenntnisreichen Tagen auf der wunderschönen Insel Mallorca flog die Mädchentruppe schließlich fröhlich wieder nach Hause und freute sich dort ausgiebig über Strom und fließend Wasser.

Und wenn sie nicht gestorben sind, dann duschen sie noch heute.

3. Oktober 2018

- Listenjunkie -

Ich sitze. Ich sitze und schaue den Wolken zu. Einfach so. Sie ziehen schnell heute, der Sturm peitscht sie voran. Leicht rosa sind sie, angestrahlt von der aufgehenden Sonne. Die Palmen schütteln sich im Wind, das Knarren ihrer riesigen Wedel vertreibt die sonst allgegenwärtigen frechen Täubchen. Die Insekten haben sichtlich Mühe, sich durch das Wetter zu kämpfen, Flugrouten werden zur Achterbahnfahrt.

Es ist noch früh am Tag, ich versuche zu planen. Meine "To-Do"-Listen werden immer länger, es sind wirklich nicht immer erhebende Dinge, die darauf zu finden sind und auf vieles habe ich einfach keine Lust. So wachsen die Alternativ-Listen mit den »Irgendwann-To-Dos" unaufhaltsam in die Länge, nicht zu vergessen die vielen kleinen Zettelchen mit den »Heute-To-Dos«, die Einkaufslisten für den Baumarkt und den Supermarkt.

Meine Pinnwand quillt über vor »Auf-jeden-Fall-dran denken«-Infos und dann gibt es zur Krönung ja auch noch die Hausaufgaben der Kinder, die täglich auf Erledigung warten.

Doch heute stecke ich in einem Dilemma.

Seit drei Tagen entfernen wir gut zwanzig Meter Efeu im hinteren Teil des Grundstücks, die Moskitos feiern wahre Orgien, jeder Stich ein Treffer. Es ist wirklich kein Spaß, aber wir kämpfen uns tapfer durch. Mein Mann verlegt wie ein Roboter Terrassenplatten, um der Mücken-plage Herr zu werden und die riesigen Blumenbeete mit der Moskitobrut einzudämmen. Jetzt ist das Ende in Sicht und es kann neu bepflanzt wer-den, wie schön!

Es stand allerdings nicht auf meiner Liste. Wir rödeln seit Tagen und es ist ein wahrer Grund zur Freude, dass die Arbeit endlich erledigt ist. Doch ich bin unzufrieden, denn ich kann es nicht offiziell abhaken. Wie bescheuert. So sitze ich und überdenke mein jahrzehntealtes Listen-Sys-tem. Weshalb setze ich mich so unter Druck? Wer zu Teufel hat festge-legt, dass Multitasking ein erstrebenswertes Ziel sei? Dieses berüchtigte Bild der Erwartungen: Mutter, Hausfrau, Karrierefrau, Freundin, alles zur gleichen Zeit. Weshalb?

Was macht es für einen Unterschied, wenn ich einfach alles in Ruhe und nacheinander erledige? Wenn ich nicht schon bei der einen Aufgabe die hundert anderen im Sinn habe? Ist Stress tatsächlich ein Statussymbol? Bin ich mehr wert, wenn ich allen erzählen kann, wie viel ich ein einer Stunde, an einem halben Tag, in einer Woche schaffe? Bin ich dann wichtiger?

Seien wir doch mal ehrlich: Es interessiert die anderen nicht. Es ist ihnen völlig egal, wann ich wie viel in meinem Leben leiste, wie viel ich arbeite, wie müde ich bin, wie gereizt, weil ich mich selbst überfordere und wie genervt zu meiner Familie.

Wie sehr brauche ich die Anerkennung der »anderen«? Ich scheitere wie üblich nur an meinen eigenen Ansprüchen. Genügt es nicht, mit mir selbst zufrieden zu sein? Ist das nicht der wahre Gewinn für mich und alle um mich herum?

Ich denke schon. Ja, ich lerne hier einiges. Über das Leben, über mich, über die Strukturen in denen ich gefangen bin. Was davon brauche ich wirklich?

Ich schreibe keine »To-Do«-Listen mehr, es steht jetzt nur noch »Reminder« darüber. In rosa und mit fettem Smiley daneben. Ich entlasse mich aus meinen Fesseln und bin überrascht, wie leicht ich mich fühle. Ich sitze und nutze die Zeit, um den Wolken zuzusehen. Und es sind wirklich viele, sie alle im Auge zu behalten ist nicht einfach.

Also, wenn das keine Arbeit ist!

07. Oktober 2018

- Schule, erster Teil -

Ich höre Musik, einen Klassiker von »Sting«. Schon nach den ersten zwei Takten erkennt jeder das Lied und ich muss lächeln. Aus den riesigen Lautsprechern schallt über den Schulhof und die gesamte Nachbarsiedlung in Hörweite der spanischen Grundschule der »Englishman in New York«.

Neun Uhr morgens, die Schule beginnt!

Ich verabschiede meinen Sohn mit dem obligatorischen Kreuzchen auf der Stirn und Küsschen auf seinen Weg über den ringsum mit einem hohen Maschendraht eingezäunten, hell betonierten und mit zwei Fußballfeldern ausgestatteten Schulhof. Ich sehe ihm mit gemischten Gefühlen nach, zum Glück gab es keine Tränen heute. Er wird langsam kleiner, zwischendurch stoppt er kurz, um einigen Jungen aus seiner Klasse beim Fangen spielen zuzusehen.

Ich recke mich vor dem Zaun, um zu schauen, ob er sich mit ihnen unterhält, da dreht er sich noch einmal kurz um und winkt mir zu – dann ist er um die Ecke des Gebäudes verschwunden.

Mit dem Ohrwurm für den Rest des Tages verlasse ich beschwingt den Vorplatz Richtung Auto. Ja, auch wir sind momentan »Aliens – Fremde«. Heute bin ich mal abenteuerlustig und entscheide mich nicht für den ordentlich geteerten, mit Radweg und Zebrastreifen ausgestatteten offiziellen Fußgängerweg, sondern laufe querfeldein.

Über Stock und über Stein, ausgetrocknete Gräser, Hundehaufen, Mäusemist und andere interessante und eventuell auch unaussprechliche Dinge. Tatsächlich haben hier direkt neben den offiziellen Gehsteigen andere Lebewesen ebenfalls ihre Daseinsberechtigung, auch wenn es in der Nähe der Schule und in Reichweite von Kindern ist.

Die Entscheidung liegt ganz bei mir, welchen Weg ich beschreiten möchte ... den ausgetretenen Pfaden nach zu urteilen, bin ich nicht die einzige, die ab und zu von der gesicherten Route abweicht.

»Bekommen wir auch eine Schultüte?« tönt es, ausnahmsweise in völliger Einigkeit, vom Rücksitz des Autos, als ich in der Woche vor Schulbeginn unsere Familienschüssel vor dem Einkaufscenter platziere.

»Ernsthaft? Wie alt seid ihr?« frage ich gespielt entgeistert, natürlich hatte ich mir das auch schon überlegt.

Wahrscheinlich ist man dafür nie zu alt, schon gar nicht in der fünften und siebten Klasse. Ja, unser Sohn hat spontan ein Schuljahr übersprungen und ist von der deutschen dritten Klasse direkt in die spanische fünfte Klasse eingezogen. Jahrgangsbedingt, klare Sache. Als ich diesen Umstand vor einigen Wochen vorsichtig bei unseren spanischen Freunden anklingen ließ und mit meiner ordentlich veranlagten Sichtweise fragte, wie wir das ändern können, war die klare Antwort: »Es igual. Quieres un cafè? – Das ist egal. Magst du einen Kaffee?« So schnell sind Probleme erledigt und unser Sohn besucht jetzt also die fünfte Klasse der Grundschule, die hier bis einschließlich zur sechsten Klasse dauert.

Am ersten Schultag ist unser Wohnzimmertisch hübsch geschmückt mit Kerzen, Blümchen, ein paar Schulutensilien, etwas zum Spielen und zwei Tüten Gummibärchen. Ich muss meine Kinder offensichtlich ordentlich verwöhnen, um meine Nerven zu beruhigen. Auf die Schultüten habe ich allerdings verzichtet, ganz so schlimm ist es dann doch nicht.

Viertel vor neun ist Abfahrt. Mit der kompletten Family - Besatzung an Bord nimmt das silberne Cabrio Fahrt auf, steuert unaufhaltsam eine (vorerst) ungewisse Zukunft für unseren Sohn an. Die Stimmung ist noch recht entspannt, doch das wird sich schnell ändern...

Hilfe! Kinder, Eltern, Lehrer, Omas, Babys, Sekretärin. Im Normalfall genau das was ich liebe, alle sind da. Dieses Chaos hatte ich allerdings nicht vorhergesehen und ich fühle mich leicht überfordert. Der Vorhof der Schule sowie der gesamte Pausenhof wimmeln vor lustig sprechenden Leuten, die versuchen, sich zu orientieren. Auch ich habe keine Ahnung, wo wir hinmüssen. Mein Mann macht mit Sohn und Tochter noch ein paar Starfotos vor dem Schulgebäude, und unsere Tochter geizt nicht mit schlauen Sprüchen für ihren Bruder.

Tja, und dann ist der Kanal voll. Ich blicke in das Gesicht meines Sohnes und sehe das Unheil schon kommen. Ich ziehe ihn kurzerhand am T-Shirt hinter mir her und schicke die anderen ins Auto, wir brauchen jetzt Ruhe. Inzwischen habe ich verstanden, dass sich die neu formierten Klassen auf dem Schulhof in Gruppen bei ihrem Klassenlehrer sammeln und dann gemeinsam in die Schule gehen. Ohne Eltern. Auweh. Mein Sohn ist auch ohne diese Information inzwischen völlig aufgelöst und weint herzzerreißend in meinen Bauch. Ich fühle mich hundeelend, aber das war zu erwarten.

Dann geht es zum Glück ziemlich schnell. Ich kann der Lehrerin gerade noch mitteilen, dass unser Sohn eigentlich nichts versteht außer »Hola« und »que tal?«, da hören wir zum ersten Mal die Schulmusik aus den Lautsprechern. Kein Gong, kein Klingeln, nein, einfach Musik. Laut, aber entspannt starten alle in den Schultag. Die gesamte Schülerschar setzt sich in Bewegung und mein Sohn wird einfach mitgenommen. Ich winke ihm nach, bis er nicht mehr zu sehen ist und auf dem Weg zum Auto schlucke ich schwer an meinem Kloß im Hals. Rabenmutter.

Fünf Stunden später stehe ich in einer großen Traube aufgeregter Eltern unter den riesigen Pinien vor der Schule. Punkt zwei Uhr beginnt zum Schulabschluss wieder Musik zu spielen, jeden Tag ein anderes Lied, zu Beginn und zum Ende des Unterrichts unterschiedlich.

Wie war wohl sein erster Schultag? In neugieriger Erwartung versuche ich, durch die großen Fenster des Treppenhauses meinen Sohn ausfindig

zu machen. Und endlich sehe ich ihn. Er hüpft. Gott sei Dank. Er emp-
fängt mich strahlend und sprudelt los: »Es gibt auch einen deutschen
Lehrer und in der Pause haben wir alle zusammen Fußball gespielt! Auf
dem Pausenhof!« »Echt?«, frage ich begeistert, »das ist ja toll! Wie viele
wart ihr denn?« »Fünfundfünfzig.«

»I'm an alien«, in der Tat, das sind wir. Wir werden unseren Weg schon
gehen, auch unsere Kinder, da bin ich zuversichtlich. Vielleicht nicht im-
mer gerade, vielleicht nicht immer den gesicherten Weg, doch wir gehen
gemeinsam.

»Poc a poc«. Das ist Katalanisch und nicht schwierig zu verstehen.

Beförderung

»Integration«, welch ein großes Wort. Sind wir tatsächlich so weltoffen, wie wir uns selbst einschätzen? Welche Wertvorstellungen vermittle ich an meine Kinder? Wie kann ich ihnen die Welt näherbringen, während ich selbst voller Vorbehalte bin? Kann ich sie sorglos in ihr eigenes Leben entlassen, ohne sie zuvor in ihrem Selbstvertrauen, ihrem Respekt anderen gegenüber und in ihrem Glauben an ihre Träume gestärkt zu haben?

Unsere Kinder waren auf die Gunst der neuen Mitschüler und Lehrer angewiesen und haben uneingeschränkte Toleranz und Offenheit erfahren. Unvoreingenommen gingen sie auf die fremden Menschen zu und ernteten: Freundschaft.

Im Nachhinein betrachtet glaube ich, dass mein Sohn deshalb so geduldig in die spanische Schule gegangen ist, weil er einfach ein ganzes Jahr lang »Kind sein« konnte. Ohne Druck, ohne Erwartungen.

Er hat von der Sprache nicht viel verstanden, trotzdem betont er bis heute, dass er den Schulalltag auf der Insel genossen hat. Er wurde aufgenommen in die Klassengemeinschaft, zu Geburtstagen eingeladen, fügte sich wunderbar ein in Aktionen wie Faschingsumzug, Wanderung zum Strand oder Schnitzeljagden. Er tanzte fröhlich bei Sportveranstaltungen, schnitt mit den anderen Kindern Grimassen um die Wette, spielte Fußball auf dem Pausenhof und auf dem großen Sportplatz mitten im Ort.

Oft schaute ich meinen Kindern nach, oben in unserer Wohnung am Meer hinter der Gardine verborgen, und bewunderte ihren Mut. Sie gingen los, jeden Morgen. In fremde Klassenzimmer, auf fremden Wegen, stiegen in fremde Busse und fuhren fremde Radwege entlang. Ganz allein. Wenn ich mich ehrlich frage, bin ich nicht sicher, ob ich das in ihrem Alter so gut gemeistert hätte.

»Ich bin Christina, ich habe einen Termin zum Elterngespräch«, frage ich an diesem Vormittag vorsichtig im Sekretariat nach. Besonders viele Informationen hatte ich aus den spärlichen Aufzeichnungen im Hausaufgabenheft meines Sohnes nicht herausbekommen können. Datum und Uhrzeit, Schule. Etwas erstaunt bin ich schon gewesen, denn schließlich hatte der Elternabend erst vor zwei Wochen stattgefunden. Aber gut, da bin ich nun. Was die netten Menschen um mich herum anscheinend etwas überfordert, denn keiner weiß auf Anhieb, was sie mit mir anstellen sollen. Doch nach einer Viertelstunde sind sich alle endlich einig: Ich darf zu Toni. Wie schön.

»Mein Mann arbeitet bei einer deutschen Firma. Ja, wir sprechen ein bisschen Spanisch und ja, wir haben auch eine Tochter, die hier zur Schule geht. Wir renovieren gerade ein Haus.« Völlig unzusammenhängend und mit hochrotem Kopf sitze ich nun vor dem jungen Mann, der mich aufmerksam anschaut und versucht, mein Gestammel in eine logische Reihenfolge zu bringen. Ich habe einen Termin bei dem Sozialarbeiter der Schule, damit hatte ich nun wirklich nicht gerechnet! Hoffentlich sage ich nichts Falsches. Vor lauter Nervosität lassen mich meine Fremdsprachenkenntnisse nun vollständig im Stich, so dass ich irgendwann einfach nur noch angestrengt lächle.

Doch meine Sorgen sind vollkommen unbegründet. Toni erläutert mir die Hilfestellungen, die für uns möglich sind, da wir jetzt neu in die Gemeinde gezogen sind. Sprachunterricht für die ganze Familie steht ganz oben auf der Liste. Für unseren Sohn gibt es außerdem Fördermöglichkeiten innerhalb der Schule und alle seine Lehrer werden über unsere Situation informiert, so dass seine Arbeiten zu Beginn nicht mit dem gleichen Maßstab bewertet werden, wie die der anderen, meist spanischen Kinder. In den folgenden Wochen werden wir diese Vorgehensweise noch sehr zu schätzen lernen. Unsere beiden Kinder werden in der Schule ohne große Vorankündigung in die jeweiligen Förderklassen sortiert, unser Sohn nimmt an Mathematik, Spanisch und Englisch teil, unsere Tochter bekommt Nachhilfe in Katalanisch. Was natürlich zu diversen Diskussionen innerhalb unseres Familienkreises führt. Unabhängig davon, dass unsere Tochter ganz generell der Meinung ist, keine Nachhilfe nötig zu haben, wird zusätzlich der Sinn und Unsinn der katalanischen Sprache ins Feld geführt. Auf diesem Gebiet wäre sie wohl ein gern gesehener Gast der Zentralregierung in Madrid, die ja in den vergangenen Jahren mit diversen Politikern aus Katalonien recht viel Arbeit hatte. Wir für unseren Teil fügen uns den Gegebenheiten. Katalanisch ist und bleibt bis auf Weiteres Amtssprache, so dass es durchaus verständlich ist, dass in den Schulen dieses Fach gefördert wird.

Ja, wir wissen es zu schätzen. Unbürokratisch und schnell wird an den Schulen gehandelt, die Eltern werden im Nachhinein von ihren Kindern informiert. Wer benötigt Unterstützung und wobei? Kein Problem, ab morgen geht es los. Übrigens wird der Lernfortschritt in den Förderfächern in regelmäßigen Abschnitten kontrolliert, so dass unsere Kinder nach den Faschingsferien wieder in ihren normalen Klassen am Fachunterricht teilnehmen können. So sind wir auch an dieser Stelle erst einmal gut aufgehoben, unsere Eingewöhnung im Sabbatjahr nimmt Fahrt auf und wir fühlen uns jeden Tag ein bisschen wohler auf der Insel.

Doch schonungslos wird uns schon sehr bald vor Augen geführt, wie wenig das Leben eigentlich planbar ist ...

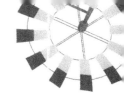

10. Oktober 2018

- Die Flut -

Dies ist ein trauriger Bericht. Du musst ihn nicht lesen, aber ich möchte ihn schreiben.

In Gedenken an die Flutopfer dieses Tages.

Wir waren fröhlich, wir waren ausgelassen. Wir machten Späße, waren gemütlich zusammen essen. Der Strom fiel aus, alle schalteten ihre Handybeleuchtung an – ein Hoch auf die Technik. Wir genossen den Tag, den Abend, bestaunten das Naturschauspiel.

Wir hatten ein wenig Angst, jedoch nicht übermäßig, hatten viel Respekt vor der Gewalt des Wassers, der Blitze, des Donners. Er ließ die Fensterscheiben klirren, die Wände erzittern. Wir bewunderten seine Kraft.

Wir fuhren nach Hause, spät erst, es war schon dunkel. Vielleicht schon zu spät, denn am nächsten Tag war Schule, wie immer. Das Wasser stand auf der Straße, knöcheltief oder mehr. Es spritzte meterhoch, wie lustig, wir hatten Wasser im Auto. Einige Zentimeter sogar, wir lachten uns schlapp. So etwas war uns noch nie passiert. Vor dem Haus zogen wir die Schuhe aus, um durch den See ins Haus zu gelangen, das Wasser war warm, die Luft ebenso.

Regen peitschte noch immer, Sturmwolken jagten über den Himmel, tief, schnell, bedrohlich.

Das Haus war ruhig, der Strom funktionierte einwandfrei. Im Kinderschlafzimmer lief das Wasser durch die Decke die Wand hinunter, im Wohnzimmer sickerte es durch das Fenster. Nicht weiter schlimm, wir kuschelten alle zusammen in unseren Betten, hatten Handtücher und Eimer für die tropfende Decke im Kinderzimmer.

Wir bekamen die Nachricht, dass am kommenden Tag die Schule ausfallen würde, Freude bei den Kindern. Wir sahen im Internet einige Videos von überfluteten Straßen, nicht ungewöhnlich, das Wasser kommt und geht. Wir schliefen ruhig.

Doch diesmal war es anders. Der Fluss wurde zum Dämon. Das Wasser riss alles fort.

Keine zwei Kilometer von uns entfernt kämpften Menschen in den Fluten. Wir wussten es nicht. Junge verloren ihr Leben, Alte ihr Hab und Gut. Wer hätte so etwas ahnen können?

Es starben Frauen, Männer, Kinder. Am Ende sind es dreizehn.

Der folgende Tag offenbarte die Katastrophe mit unerschütterlicher Grausamkeit. Früh morgens die ersten Anrufe aus Deutschland, unzäh-

lige besorgte Nachrichten den ganzen Tag lang. Uns geht es gut, Gott sei Dank. Dass wir tatsächlich Glück hatten, wird mir erst im Laufe des Tages klar. Die Nachrichten überschlagen sich, die Bilder werden immer schlimmer. Das Rathaus ruft zu Spenden auf, das Militär rückt an, Hubschrauber kreisen, Vermisste werden gesucht, die meisten Straßen sind unpassierbar.

Gegen Abend besuche ich unsere spanischen Freunde in ihrem Büro. Die Stimmung ist gedrückt, alle stehen unter den Eindrücken dieses Tages. Eine Schulfreundin ihrer Tochter ist unter den Toten.

Mein Herz weint, ich kann es nicht verhindern.

Ich trauere um Menschen, die ich nicht kannte. Eine Tragödie hat sich abgespielt, direkt vor unseren Augen.

Inzwischen wird aufgeräumt.

Das Wetter ist herrlich, die Sonne scheint, als wäre es nie anders gewesen. Das Leben geht weiter, das Meer leuchtet türkis.

Was bleibt? Ich bin aufmerksamer geworden, erahne die Zerbrechlichkeit des Lebens. Was ist die Botschaft? Sehr einfach.

Lass Dein Herz sprechen.

Gehe nicht im Streit auseinander.

Vergib` den Menschen, die Dich verletzt haben mögen.

Sage Wichtiges, bevor die Gelegenheit vorbei ist.

Lass niemanden unglücklich zurück.

Sei dankbar für all das, was Dir gegeben wurde.

Strebe nicht nach »Was-Du-nicht-hast«.

Nutze Deine Kraft.

Liebe Deine Freunde, Deine Familie, Deine Nachbarn.

Segne Deine Kinder.

Jeden Tag.

Strandwetter

Die Natur, launisch wie das Leben. Wir haben uns angewöhnt, uns gut gegen schlechtes Wetter zu schützen und fühlen uns »kalt erwischt«, wenn wir plötzlich unvorhergesehen die Folgen zu spüren bekommen. Ein Denkfehler? Das Wetter spiegelt uns schonungslos das Auf und Ab unseres Lebens. Manchmal zwingt es uns zum Innehalten in unserem Trott, in unseren Komfortzonen. Beschäftigen wir uns zu sehr mit unserer Außenwelt? Was ist mit unserem Inneren, unserer Seele? Sie ist auf der Reise, manchmal möchte sie beachtet werden. Unser aller Leben wird eines Tages zu Ende gehen, denn das ist nun einmal der Weg, für welchen die Seele sich entschieden hat. Sie wird unseren Körper wieder verlassen, die Hülle wird zurückbleiben. Weshalb sind wir überrascht, wenn es soweit ist? Wir leiden mit. Das macht es so schwer...

Wir fahren mit dem Auto, langsam. Eher schleichend. Schrittgeschwindigkeit, schneller kommt man hier noch nicht voran. Neben uns am Straßenrand türmen sich die rostigen und zerbeulten Wracks der mitgerissenen Autos und Lieferwagen, umhüllt von lehmigem Schlamm und eingewickelt in umgestürzte Bäume und Sträucher. Ich habe einen Kloß im Hals, schlucke schwer und kann nicht sprechen. Die Stille zwischen uns ist beklommen. Wir schieben uns in einer langen Schlange mit den Wagen vor uns durch unser schwer gebeuteltes Nachbardorf am Meer, sehen mit eigenen Augen das ungeheuerliche Werk, welches die wütende Natur vor zwei Wochen zurückließ. Immer noch sind die Wunden so groß, auf der Erde wie auch bei den Menschen.

Die Umgehungsstraße ist nach wie vor unpassierbar, die Restaurierungsarbeiten werden Monate dauern. Die »Guardia Civil« hat alles großräumig abgesperrt und nur der kleine Schleichweg durch die Dörfer am Meer verbindet uns momentan mit dem Rest der Insel. Im kleinen Bergdorf, den Hügel hinauf, sind über hundert Häuser Sanierungsfälle, dreißig weitere mussten vollständig abgerissen werden. Wir sprechen mit Menschen, die dabei waren, mitten im Unwetter. Wir sehen die Ungläubigkeit in ihren Blicken, als sie von ihren Erlebnissen jener Nacht sprechen, die Angst, die ihnen immer noch im Nacken sitzt, denn so viele von ihnen sind den Fluten nur knapp entkommen. Fast jeder der Einheimischen hat in seinem engen Umfeld Betroffene zu beklagen, Familien mit kleinen Kindern, die kein Zuhause mehr haben, die eigenen Eltern, alt und gebrechlich, die hilflos mitansehen mussten, wie ihr Lebenswerk in den Fluten versank.

Ungefähr vier Wochen gehen ins Land, die Menschen räumen auf. Immer noch werden Wracks, Müll und tonnenweise Schutt aus dem Meer geborgen, die Taucher leisten außergewöhnliche

Arbeit. Stück für Stück nähert man sich der Normalität, vieles ist jedoch für immer verändert, auf ewig verloren.

Ich sitze am Computer und forsche mich durch die Facebook-Seiten des örtlichen Rathauses, der allgemeinen Nachrichten und der neuesten Fotos zu diesem Thema. Und stolpere plötzlich über eine Gruppenkonversation: »Weiß jemand, ob der Strand an der Ostküste nach dem Unwetter inzwischen wieder schön ist?«, steht da. »Wie bitte?«, denke ich mit aufkeimender Entrüstung. Doch es geht noch weiter: »Wir kommen in den Herbstferien nach Mallorca und möchten dann gerne noch im Meer baden gehen. Kann mir jemand sagen, ob alles aufgeräumt wurde? Sonst müssten wir uns einen anderen Strand suchen.«

Auf diese Ignoranz bin ich nicht vorbereitet und vor Entgeisterung kippe ich fast vom Stuhl. Vor wenigen Tagen wurden an diesen Stränden Leichen geborgen, das Meer hat mit Lawinen von Schlamm und Schutt zu kämpfen und hier macht sich allen Ernstes jemand Sorgen um sein schönes Badeerlebnis? Noch einmal lese ich den unseligen Post und kann es einfach nicht glauben, dass dort tatsächlich solch eine Frage steht.

Doch dieser eine, hoffentlich gänzlich unbedacht ausgesprochene Satz führt mir im selben Moment gnadenlos vor Augen, in welche Richtung sich unsere Gesellschaft offensichtlich entwickelt. Und er hält mir völlig unerwartet einen Spiegel vor die Nase, denn ich nehme seit einigen Jahren ebenso gedankenlos an dieser Strömung teil, ohne mein Handeln zu hinterfragen. Einfach nur, weil ich dem Trend folge. Gedankenlos, respektlos? Will ich das wirklich?

Meine Antwort ist eindeutig und noch am selben Abend ziehe ich daraus meine ganz eigenen Konsequenzen. Ich lösche meinen Facebook-Account, denn ich möchte kein Teil von Oberflächlichkeiten mehr sein. Mich interessieren weder niedliche Katzenvideos noch, was all meine »Freunde« an diesem Tag gegessen haben oder wie weit sie gerannt sind. Ich möchte es nicht wissen müssen. Ich verzichte großzügig auf ein paar Mitleids-»Likes« und habe nach vollbrachter Löschung meines Kontos das wunderbare Gefühl, mich ein Stück befreit zu haben.

Ich möchte keine Energie vergeuden. Ich liebe mentale Nähe und ich lege Wert auf reale Kommunikation mit meinem Gegenüber - Qualität vor Quantität. Nun ja, manches merkt man offensichtlich erst im Laufe der Zeit. Und manches bringt vielleicht erst eine Flut zutage.

So kehren wir langsam zurück zu unserem Alltag, der uns hilft, den Halt wiederzufinden.

25. Oktober 2018

- Schule, zweiter Teil -

Es pfeift, nein, es trillert. Schrill und laut.

»Mama! Der meint Dich!«

Oh, hoppla. Erschrocken steige ich auf die Bremse und komme abrupt neben der Uniform mitten auf der Straße zum Stehen. Eine spanische Uniform, »Policia local«. Sehr schick, ehrlich gesagt, und der unglaublich schnell auf mich einsprechende zugehörige Polizist ist auf den zweiten Blick auch sehr schnuckelig.

Ich checke in Gedanken kurz mein Aussehen und bin heilfroh, dass ich wenigstens die Sonnenbrille aufgesetzt und Zähne geputzt habe. Ich stutze.

Der spanische Wortschwall ist verstummt und der Schnuffi in Uniform schaut mich erwartungsvoll, aber auch sehr bestimmt an. Ich versuche mich zu sammeln – was hat er gesagt? Irgendwas mit Einbahnstraße.

Ich werfe einen Blick auf die mir entgegenschwappende Welle an Automobilen jeglicher Art inklusive der im Sekundentakt heran rollenden Schulbusse und verstehe. »Vale, gracias!«, flöte ich der Uniform zu und lege den Rückwärtsgang ein. Morgens vor Schulbeginn fahren alle Eltern in einer lustig um den Block führenden Rotunde ihre Teenager - Söhne und - Töchter zum Institut. Quasi noch während des Fahrens steigen die Kids hurtig aus und der Verkehr kann weiter fließen, aber nur ein eine Richtung versteht sich. Das ganze Szenario hat ein bisschen was von »Drive In«.

Einmal verstanden, bin ich in der Tat sehr begeistert. Zwei Polizisten regeln die Vorfahrt und Schülerlotsen nehmen die Schulbusse in Empfang. Alles funktioniert reibungslos, gut durchdacht und organisiert. Ich überlege, noch eine weitere Runde zu fahren, um noch einmal einen Blick auf die Uniform zu werfen, entscheide mich aber dagegen. Ist vielleicht doch etwas albern. Umso erfreuter bin ich dann eine Stunde später, als mich auf dem Weg zur Grundschule schon von Weitem diverse Trillerpfeifen begrüßen, klar, die kleinen Schüler brauchen ja auch Polizisten...aber das ist eine andere Geschichte.

Heute, am ersten Schultag im Institut, der weiterführenden Schule, parke ich unser Cabrio ca. 200 Meter entfernt, da unsere Tochter das Auto so fürchterlich peinlich findet, dass bitte niemand sie damit sehen soll. Zugegeben, es ist momentan auch nicht das sauberste Fahrzeug auf Erden, es wird ja schließlich auch für die Baustelle genutzt.

So stapfen wir vom Parkplatz aus querfeldein den Hügel hinauf, Richtung Schulgebäude. Es wimmelt und wuselt vor Eltern und Teenagern und bei dem ohrenbetäubenden Lärm vermisse ich schmerzlich meine herrlich weichen Ohrstöpsel, die ich im Normalfall nur nachts anlege. Alle Schüler schreien, brüllen, rufen kreuz und quer, begrüßen lautstark ihre Freunde und führen kleine Freudentänze auf.

Meine Tochter und ich wechseln einen etwas hilflosen Blick, straffen dann aber entschlossen unsere Schultern und werfen uns mutig in die Menge. Auf dem kleinen balkonartigen Platz vor der großen Eingangstür informieren wir uns über den aktuellen Stand der Dinge.

Inmitten der wogenden Masse entdecken wir plötzlich lustig gekleidete Menschen in hippen Strand-Outfits, mit Strandlaken, Sonnenhüten und aufgespannten Sonnenschirmen ausgestattet. »Schau mal!«, rufe ich meiner Tochter zu. »Das sind deine Lehrer! Die sind ja alle noch ziemlich jung, cool, oder?« Äh, nein. Das braucht sie gar nicht auszusprechen, das verstehe ich auch ohne Worte.

»Au!« Etwas unwirsch glätte ich meine Haare, die der riesige Sonnenschirm vor mir in regelmäßigen Abständen malträtiert, inzwischen sehe ich bestimmt aus wie ein Wischmopp. Ich stehe leicht unentspannt an der Wand der großen Aula, in welche sich die Veranstaltung verlegt hat. Alle Schüler sitzen auf dem Boden und warten auf die Klasseneinteilung, die fröhliche Lehrermeute entführt eine Schülergruppe nach der anderen in die dazugehörigen Räume. Meine Tochter kauert etwas unglücklich zwischen all den fremdartigen Kindern und schaut mich immer wieder hilfesuchend an. Mein aufmunterndes Lächeln ist vielleicht nicht mehr ganz so frisch, denn ehrlich gesagt bin ich heilfroh, dass ich dem

Zirkus für zwei Stunden entfliehen kann. Es ist ja wenigstens ein kurzer Schultag.

Pünktlich zum Schulschluss drehe ich im laut quietschenden Silberflitzer schon wieder meine Runden, diesmal im echten Kreisverkehr vor der großen Tankstelle, und suche meine Tochter. Endlich entdecke ich sie und traue meinen Augen kaum. Sie steht gut versteckt hinter der Hausecke des Tankstellengebäudes und winkt mich hektisch weiter. Verdutzt fahre ich an ihr vorbei und halte an einer der Zapfsäulen. Keine zwei Sekunden später rutscht ein aufgeregtes Etwas mit tief ins Gesicht gezogener Kapuze neben mich auf den Beifahrersitz und zischt: »Fahr los!!! Das Auto ist ja so peinlich! Hoffentlich sieht mich niemand aus meiner Klasse!«

Inzwischen sind einige Wochen ins Land gegangen und unser Auto ist mittlerweile Gesprächsthema im Institut geworden. Die Jungs der Klasse fragen meine Tochter, was für ein super Auto wir haben und möchten sogar Fotos davon machen. Cabrios werden von Spaniern im Allgemeinen nicht gefahren – zu viel Sonne. »Mama, jetzt fragen mich sogar die Jungs aus der Parallelklasse: Ihr habt doch einen Ferrari, oder?«

Tja, auf die Jungs ist halt Verlass! So ist unsere silberne Familienkutsche auch im Ansehen meiner Tochter etwas gestiegen … aber nur, wenn sie frisch geputzt ist.

06. November 2018

- Erste Etappe, Zwischenfazit -

Dunkelblau. Nicht Papiertaschentuchverpackungsdunkelblau, sondern mehr »Azul«. »Nautik« wäre wohl der passende Begriff, mit weißen Schaumkrönchen, am Horizont viel mehr gewellt als vorne am Strand. Bei meinem Blick hinaus aus dem Fenster direkt auf die beruhigende Weite des Meeres hängt mir allerdings das apfelgrün leuchtende Bettlaken etwas im Weg herum und lenkt meine Aufmerksamkeit zurück auf die Wäscheberge, die sich in der Wohnung meterhoch türmen.

Die erste Etappe ist schon vorbei, ich kann es kaum glauben. Wir sind vor drei Tagen in die Wohnung am Meer umgezogen, damit die Renovierung des Häuschens ungehindert voranschreiten kann.

Was ist bisher passiert?

Wie ist es uns ergangen?

Wo stehen wir heute?

Die Schule. Ein gerne und häufig nachgefragtes Thema und ich habe tatsächlich bisher nur Positives zu berichten. Unsere Tochter, ehrgeizig wie immer, liefert auch hier im Institut eine hervorragende Leistung nach der anderen ab, laut Zwischenbericht bis zum ersten Trimester-Ende an Weihnachten gibt es nichts zu verbessern. Sogar in den Proben in Katalanisch räumt sie höhere Punktzahlen ab als manch einheimische Kinder. Bewundernswert. Nachdem sie sich in den ersten zwei Wochen wirklich durchbeißen musste und ohne richtige Freunde am Anfang noch unglücklich war, ist sie nun voll in die Klassengemeinschaft integriert.

Ein schönes Gefühl, zu sehen, wie sie den Lauf der Dinge selbst erfährt – nach jedem Tiefpunkt folgt wieder Sonnenschein – und das ist hier sogar bildlich zu verstehen.

Unser Sohn kann es nach wie vor nicht verhindern, dass er sich bei fünf Stunden Spanisch und Katalanisch am Tag aus Versehen doch manches merkt. Fragt man ihn allerdings aktiv danach, fällt ihm dazu nichts ein. Als er im Café der netten Bedienung auf die Frage nach seinem Alter spontan auf Katalanisch antwortete, war er selbst am meisten überrascht. Tendenziell langweilt er sich immer noch ziemlich im Unterricht, weil er nichts versteht, lässt sich aber dadurch nicht aus der Ruhe bringen. In Mathematik immerhin brachte er schon die höchste Punktzahl nach Hause, so genießen wir einfach noch ein wenig die gute Grundstimmung.

Erstaunlicherweise haben wir hier immer noch wenig soziale Kontakte. Das mag daran liegen, dass wir in den vergangenen Wochen viel Besuch aus Deutschland hier hatten und die Tage mit unseren Freunden und *der Familie sehr genossen haben. Um uns herum sind wenige Deutsche zu finden, so sind wir nach wie vor hauptsächlich in mallorquinischen Dialogen unterwegs, die Kinder vormittags und wir auf der Baustelle und bei diversen organisatorischen Angelegenheiten.*

Inzwischen ist es still, mucksmäuschenstill. Die Wintersaison hat begonnen. Der letzte Tourist des Sommers wird wahrscheinlich von den Hotelangestellten zusammen mit alten Handtüchern, Bettlaken usw. zur Türe hinausgekehrt, innerhalb eines Tages gleicht die gesamte Bucht zur Hälfte einer Geisterstadt.

Immerhin haben wir in unserem Ort das ganze Jahr hindurch eine funktionierende Infrastruktur, die meisten der Nachbardörfer sind im Winter einfach stumm. Komplett. Dornröschenschlaf. Die Straßen sind leergefegt, die Hotels verrammelt und vernagelt, die Rollläden heruntergelassen, Fensterscheiben mit Farbe blind gemacht, Außenleuchten in Folie verpackt, sämtliche Liegen, Sonnenschirme und sonstige Strandutensilien sind sorgfältig gestapelt und in die Winterlager verräumt.

Die Luft ist warm, ein leiser Lufthauch weht über die menschenleere Promenade, die Sonne streichelt das Meer, die Berge, den Strand und die nur noch halb bewohnten Häuser, die Silhouetten im schwächer werdenden Gegenlicht sind zum Verlieben. Ich sitze mit meinem Sohn auf dem verlassenen Bootssteg, wir lassen die Beine über die sanft heranrollenden Wellen baumeln und genießen die Abendstimmung des sich zu Ende neigenden Tages. »Ich bin ganz ruhig, das ist so schön mit dem

Meer«, sagt er plötzlich andächtig. »Vorhin habe ich mich so aufgeregt über ein Spiel, das nicht funktioniert hat, jetzt ist alles weg.«

Ich muss ein wenig schmunzeln und denke, besser kann man es eigentlich nicht beschreiben.

Genau so geht es uns hier.

Baumeister

Woher kommt unser Drang, etwas schaffen zu wollen? Ist es Langeweile? Ist es die Erwartung der anderen, die wir erfüllen möchten? Ist es eine gewisse Unruhe, auf der Suche nach Anerkennung? Möchten wir unseren Kindern etwas hinterlassen? Und wenn ja, müssen das zwangsläufig materielle Dinge sein? Wir hatten nun mit unserer Baustelle begonnen und so wuchs unweigerlich unser Wunsch, sie im geplanten Zeitraum auch wieder zu beenden ...

»Na super, und jetzt?« Das zugehörige »Ich hab's ja geahnt« verkneife ich mir wohlweislich an dieser Stelle und warte ab, was der weitere Plan sein soll. Die Baustelle hat inzwischen offiziell begonnen und unser Haus musste in der kurzen Zeit schon einiges aushalten. Eine komplette Zimmerwand samt ihrem in den hiesigen Häusern und Wohnungen üblichen, geräumigen Einbauschrank ist bereits den großzügigen und von unserem spanischen Arbeiter mit Leidenschaft und lautem Gesang ausgeführten Abbrucharbeiten zum Opfer gefallen.

Mit Sorge betrachte ich täglich die Decke des nun riesig gewordenen Raumes, in der Hoffnung, dass alles an Ort und Stelle bleibt und uns nicht unerwarteterweise der Himmel auf den Kopf fällt.

Heute ereilte uns die Nachricht, dass der momentan eingesetzte Chico nur noch bis Ende November für uns arbeiten kann, dann geht er vier Wochen lang wandern, um anschließend die Weihnachtszeit bei seiner Familie in Cadiz zu verbringen. Warum nicht. Wandern ist ja sehr gesund. In unserem Fall nur leider nicht förderlich für den straff gesteckten Zeitplan.

»Das ist kein Problem«, beruhigt mich unser dunkelhäutiger Bauleiter mit der obligatorischen Zigarette zwischen den Lippen. Immerhin spricht er mangels Alternativen ab und zu mit mir, das lässt sich im Baustellenalltag nicht gänzlich vermeiden. »Ich habe einen Cousin, der ist Architekt und hat gerade sein letztes Projekt beendet. Er würde sicherlich einspringen bis Januar, ich frage ihn.« Noch bevor wir zu dieser neuen Entwicklung ins Detail gehen können, hupt es penetrant vor dem Eingangstor.

»Material kommt!« Das ist Musik in meinen Ohren, denn alles, was zum Häuschen geliefert wird, müssen wir nicht selbst mühevoll herankarren. So laufe ich freudig dem riesigen Lastwagen entgegen, dessen lässig kaugummikauender Fahrer unsere Adresse schon auswendig kennt und meinen Mann gerade mit einem coolen Handschlag begrüßt.

Der spannendste Moment ist jedes Mal aufs Neue das Abladen mit dem ferngesteuerten Kranarm. Heute bekommen wir vier riesige Säcke Sand, die sogenannten »Big Packs«. Pro Pack sind das

1,5 Tonnen Material, zweimal grobkörnig und zweimal »Arena de la Playa«, also feiner Strand-Sand. »Feinkörnig« ist er allerdings nur in der Theorie. In der Praxis tummeln sich darin so viele kleine Muscheln, Steinchen und Algenreste, dass wir uns in mühevoller Handarbeit daran machen, alles noch einmal mit diversen Nudelsieben vom Chinaladen durchzuarbeiten. Tagelang. Das verbindet.

Der Lastwagenkran schiebt sich inzwischen mit der ersten Riesentasche Richtung Eingangstor. Vorsichtig manövriert der »Materialchico« das tonnenschwere Monstrum unter der Starkstromleitung unserer Einfahrt hindurch und lädt ihn gekonnt hinter der Grundstücksgrenze, also mitten in unserem Carport, ab. Als sich ein gutes halbes Jahr später unsere Baustelle dem Ende entgegen neigte, war es auch nicht er, der mit seinem Transporter unsere Straßenlaterne über den Haufen fuhr, so dass sie auf besagter Stromleitung zu liegen kam und sie auf höchst spanische Weise entsorgt und auch nie wieder ersetzt werden sollte.

Nein, unsere Materialabladung heute funktioniert reibungslos und so finden zwei weitere Säcke den Weg in unsere Außenküche unter dem großen Dach.

Zu guter Letzt platziert der lässige Spanier die drei Paletten »Piedras Alemanas«, die bekannten Bruchsteinplatten aus Solnhofen für unseren Außenbereich, passgenau in unserer Zufahrt.

Perfekt. Der darf das nächste Mal gerne wiederkommen. Das denke ich genau so lange, bis ich merke, dass unser Tor nun leider nicht mehr schließt – der vordere Sack ist zu breit. Also fangen wir parallel zum Sandsieben auch noch an zu schaufeln. So geht der Tag sicherlich schnell vorbei, ohne dass wir im Haus vorankommen. Läuft ja prächtig.

»Wir werden wahrscheinlich nicht darum herumkommen, das Dach neu abzudichten und dann auch neu zu fliesen«, spricht mein Mann meine Gedanken aus. Wir stehen auf unserer Dachterrasse und versuchen, uns einen Überblick über die anstehenden Arbeiten zu verschaffen. Es ist so friedlich hier. Kein Autoverkehr stört in der Nebensaison die Nachbarschaft und die milde Abendluft lässt mich tief durchatmen.

Der Blick auf unseren Hausberg mit sattem Grün und der felsigen Spitze wird nur ein wenig beeinträchtigt durch das riesige Schiff, welches unser Nachbar von gegenüber in Höhe der Hausdächer aufgebahrt hat und welches wahrscheinlich nie wieder das Meer sehen wird. Eine kleine Kuriosität, die jedem, der sich hier oben umschaut, ein überraschtes Lächeln ins Gesicht zaubert. Das wiederum ist nicht die schlechteste Auswirkung.

Wir lehnen uns an das mit blumigem Lochmuster versehene Steingeländer und blicken auf den kleinen blauen Zipfel des Meeres, den man von hier aus sehen kann. Wir könnten also tatsächlich in unserer Hausbeschreibung behaupten: »Mit Meer-blick.« Trotz der beruhigenden Stimmung erfasst mich eine klei-ne Welle der Panik. Ab Mitte Februar ist die Wohnung am Meer weitervermietet, das heißt, dann müssen wir raus. Unsere Aus-sichten momentan: Kein Arbeiter, viel Material und zusätzlich neue wichtige Themen, die wir angehen sollten, alles ein unüber-blickbarer Mehraufwand an Zeit und Geld.

Aber es hilft nichts, rückwärts zu gehen ist keine Option.

Also machen wir weiter.

16. November 2018

- Tanz der Teufel -

Schnatterschnatter. Es ist heiß und stickig, mal wieder. Und laut. Aber ich schlaues Mäuschen habe ja dazu gelernt und fächle und lächle. Dass mein uralter Fächer nach 30 Jahren tatsächlich mal zum Einsatz kommt, überrascht mich sehr! Ich drehe ihn allerdings lieber auf links, das Motiv vom kitschigen Sonnenuntergang mit zwei sich küssenden Schatten davor muss ja nicht jeder sehen.

Mein Mann und ich sitzen im Klassenzimmer unserer Tochter mittig hinten an der Wand und lassen die Szenerie mal wieder staunend auf uns wirken. Alles fächelt sich Luft zu, denn Klimaanlagen sind hier nicht wirklich populär, zumindest nicht bei den Spaniern.

Alles quatscht wie immer wild durcheinander, der Raum ist brechend voll, aber immer noch strömen Papas, Mamas, Omas, Kinder, Geschwister, Lehrer und alle, die sonst nix zu tun haben, in den kleinen Saal. Vorne vor der Tafel ist bereits der obligatorische Beamer mit Leinwand aufgebaut und die erste Folie beginnt auf Katalanisch.

Super, das heißt ich werde wohl nicht all zu viel verstehen. Reunion — Elternabend.

Zwei Stunden später lassen wir uns vom Strom der Menschen nach draußen in die milde Abendluft treiben und schauen uns etwas verwundert an. Wir hatten Glück, denn so wie wir auch, sprechen nicht alle Spanier von Natur aus Katalanisch, und so wurde der Abend in gepflegtem Castellano abgehalten.

»Also«, stelle ich fest: »Wenn ich jetzt mal kurz die Infos zusammenfasse, kommt doch Folgendes raus: Ganz wichtig ist die Kommunikation (muy importante – sehr wichtig!) zwischen Lehrern und Eltern, Schülern und Lehrern, Eltern und Schülern und allen, die sonst noch gerne mitreden möchten. Wir feiern ganz viele Feste! Alle sind herzlich eingeladen, mitzumachen, mitzuhelfen, Kuchen zu backen, zu sponsern und mit der ganzen Familie dabei zu sein. Wenn zwischendurch mal nix zu tun ist, machen wir auch ein bisschen Mathe und Biologie.«

»Super, damit können wir arbeiten«, entgegnet mein Mann und wir fahren beruhigt nach Hause.

»Sie kommen!« Im selben Moment höre auch ich die dumpfen Trommelschläge und kann in der Ferne Rauchschwaden und Fackeln erkennen. Unser Sohn ist völlig hin- und hergerissen zwischen unbändiger Neugier und der Angst vor den schaurigen Masken und dem gruseligen Spektakel, das sich uns unaufhaltsam nähert. Immer wieder versteckt er sich hinter der Menschenmenge auf der Treppe, um dann wenige Augenblicke später erneut hervorzuspringen, um nichts von dem Schauspiel zu verpassen. Ehrlich gesagt, geht es mir ganz genauso und so stehe ich in

sicherem Abstand etwas erhöht auf dem Eingangspodest eines Schuhladens.

Brav wie wir sind, haben wir uns den Aufruf der Schule sofort zu Herzen genommen und besuchen den »Tanz der Teufel« zum Abschluss des großen Stadtfestes, das bereits die ganze Woche andauert. Am Nachmittag hatten wir gründlich den Flyer der Veranstaltung studiert und die wichtigen! (muy importante!) Sicherheitshinweise gelesen:

»Jeder Teilnehmer der Parade ist aufgefordert, nur mit langer Bekleidung aus Baumwolle (Arme und Beine bedeckt) und einem HUT als Kopfbedeckung zu erscheinen. Die Veranstaltung findet in einem abgesperrten Bereich statt. Ohne zulässige Bekleidung kann man nicht teilnehmen.«

»Okay ... das klingt zwar ein bisschen seltsam, aber dann ziehen wir uns eben entsprechend an«, instruiere ich meine Kinder. Meinen Mann brauche ich nicht zu instruieren, an mancher Stelle ist er dann doch recht beratungsresistent.

»Ich seh' sie!« Die aufgeregte Stimme meines Sohnes bringt mich zurück in die Gegenwart. Ja, da kommen sie!

Mit schaurigen Masken, gekrümmtem Gang, mit Dreizacks und in Leiterwagen sitzend, bewaffnet mit brennenden Fackeln und begleitet vom Trommelfeuer der mallorquinischen Trommelgruppe wogen die Teufel direkt durch die Zuschauermenge in der engen Fußgängerzone. Abge-

sperrt wird hier nichts, keine Feuerwehr, keine Polizei, es sieht ja jeder, dass sie sich nähern.

Die Teufel sind nun direkt vor uns, sie kommen ganz nah, sie brüllen uns ins Ohr, necken und stupsen die Zuschauer und spucken Feuer. Ich bekomme trotz der Wärme eine dicke Gänsehaut, das ist wirklich gruselig! Am Ende der teuflischen Menge läuft ein riesiger Drache und bedeutet den Zuschauern, ihnen zu folgen.

Dicht gedrängt stehen wir eine Viertelstunde später an der hüfthohen Absperrung rund um den großen Platz am Meer und warten gespannt. Wieder weisen die mystischen Trommelklänge den Teufeln den Weg. Urplötzlich explodiert vor uns die Nacht. Die Teufel stürmen den Platz, jeder mit einer langen Stange bewaffnet, die vollgepackt ist mit Feuerwerksböllern und es beginnt eine Feuershow aus Pyrotechnik!

Es knallt, es pfeift, es raucht, die Teufel tanzen und, ich kann es kaum glauben, Teile der Menge auch! Immer mehr Zuschauer lösen sich aus der Dunkelheit und hüpfen mit den Teufeln inmitten des Feuerwerks wie wild auf dem Platz herum. Jetzt verstehe ich endlich die »Sicherheitshinweise« – ohne lange Kleidung darf man nicht zu den Teufeln! Unglaublich.

Kurz erscheint vor meinem inneren Auge die Vision, die gleiche Veranstaltung spontan in unserem beschaulichen Wohnort in Deutschland zu verlegen ... IMPOSIBLE – UNMÖGLICH!

Alle würden auf der Stelle in Ohnmacht fallen.

Es knallt und pfeift erneut, diesmal über dem Meer. Wir sitzen im warmen Sand am Strand, gemeinsam mit allen anderen Zuschauern des »Teufelstanzes« und betrachten selig das wunderschöne Abschluss-Feuerwerk über dem Bootssteg. Bei jeder Rakete entschlüpft unserem Sohn ein ehrfürchtiges »Ah« und »Oh«, so etwas haben unsere Kinder noch nie gesehen. Wir allerdings auch nicht, die außergewöhnliche Choreografie bezieht sogar das Wasser mit ein und so steigen einige Feuerwerkskörper direkt aus dem Meer in den sternenklaren Nachthimmel.

Erschöpft, zufrieden und mit imposanten Eindrücken beschenkt, fahren wir kurz vor Mitternacht zurück nach Hause. Mallorcas »fires i festes« sind wirklich einen Besuch wert und ich bin schon gespannt auf die nächsten, an denen wir teilnehmen werden.

Sicherheitskleidung haben wir ja schon.

Respektabel

Was bewegt uns dazu, unser Leben zu ändern? Eine Krankheit? Ein berufliches Scheitern? Der Verlust eines geliebten Menschen? Die Unerträglichkeit der aktuellen Situation? Die Gründe sind vielfältig. Haben wir es etwa verlernt, mit dem was wir haben, zufrieden zu sein? Und wenn wir uns einmal für einen Richtungswechsel entschieden haben, wie radikal sollten wir in der Umsetzung sein?

Ich falle mal wieder vom Glauben ab. Immer neue Fragezeichen tauchen in meinem Kopf auf, je länger ich meinem Gesprächspartner am anderen Ende der Telefonleitung zuhöre: »Und *wann* wollen Sie nach Mallorca auswandern?«

»In zwei Wochen.«

»Und ihre Kinder haben Sie schon an der Schule angemeldet?«

»Nein, das wollen wir dann vor Ort machen. Welche Unterlagen brauche ich denn dazu?«

Ich schüttele stumm den Kopf und schaue fragend zu meinem Mann, der mir gegenübersitzt und das Gespräch per Lautsprecher verfolgt. Das Schuljahr hat hier, wie in Deutschland auch, schon längst begonnen. »Sie müssen sich erst einmal bei der Gemeinde anmelden. Dann benötigen Sie einen Verdienstnachweis und auch eine Bescheinigung der Krankenversicherung«, kläre ich den Anrufer etwas unwirsch auf.

Wie kann man nur so unbedarft sein?

Als dann auch noch die Frage kommt: »Sprechen die im Rathaus Deutsch?«, übergebe ich das Telefon einfach an meinen Mann.

Wir haben einen Interessenten von unserer spanischen Freundin weitergeleitet bekommen, der Informationen zum Thema »Auswandern« benötigt. Natürlich geben wir generell gerne Auskunft. Doch mit dieser selbstverständlichen Art, davon auszugehen, dass Mallorca eigentlich »Deutschlands 17. Bundesland« ist, komme ich persönlich nicht zurecht. Ich empfinde es als respektlos den Menschen und dem Land gegenüber, mich einfach auf der Insel breit zu machen, in der Erwartung, das Leben hier müsse sich ab sofort um mich und meine Bedürfnisse drehen.

Wir fordern von jedem Zugereisten in unserem eigenen Land, dass er sich mit unserer Sprache und unseren Traditionen beschäftigen solle, mit welchem Recht verweigern wir genau dieses Verhalten dann in den Ländern, in welchen wir nur Gäste sind?

Ein paar Brocken Spanisch zu lernen ist wirklich nicht schwierig und ich freue mich jedes Mal aufs Neue, wenn ich die begeisterten

Reaktionen der Mallorquiner ernte, wenn sie sich mit mir in ihrer Landessprache unterhalten können.

Wir sind Gäste. Wir stellen keine Forderungen, wir bitten um Unterstützung und sie ist uns noch nie verweigert worden. W

ir beobachten den Alltag, wir kosten von den traditionellen Speisen und Getränken und lernen sie lieben. Wir nehmen an den zahlreichen Festen teil und die Mallorquiner lassen uns Mitglieder ihrer Gemeinschaft sein. Wir sind eingeladen im Zuhause unserer Freunde und dürfen dort die Nacht verbringen.

»Mi casa es tu casa – mein Haus ist dein Haus«, so ist es tatsächlich und wir sind gerührt, diesen Satz zu hören. Wir haben Achtung vor der Umwelt, dem Meer, den naturgeschützten Zonen. Wir lesen die örtlichen Nachrichten, interessieren uns für die Landespolitik und die heimischen Fußballspiele. Ja, wir wissen es zu schätzen, dass wir hier Gäste seindürfen.

Wir bewegen uns gerne unter Gleichgesinnten, weshalb wir es lieben, wenn unsere Freunde und Familie aus Deutschland zu Besuch sind.

Es kommen diejenigen, die ebenso wie uns das »Inselfieber« erfasst hat, die hier auftanken und die Seele baumeln lassen, die sich gerne einlassen auf das einheimische Leben und es genießen, ihren Horizont zu erweitern. So sind wir weiterhin auf Erkundungstour durch unsere Bucht und in unserem Ort. Auf den Spuren der Mallorquiner, um herauszufinden, wohin unsere Zukunft führt.

20. November 2018

- Das Karussell -

»Es dreht sich
schnell und immer schneller,
die Geschwindigkeit nimmt zu.
unaufhaltsam.

Ich versuche zu bremsen,
unmöglich,
also
breite ich die Arme aus und genieße
die Fahrt.«

Eigentlich passiert nicht viel. Es stürmt, wir genießen einen ruhigen Sonntagnachmittag. Wir spielen Brettspiele, trinken Tee, essen Kuchen. Die Baustelle geht voran, Stück für Stück. Ein bisschen Organisation, eher »mañana« als heute. Kinder in der Schule, läuft.

Emotional fahre ich Karussell, ebenso wie das Wetter in diesen Tagen. Wir drehen Pirouetten, keine Minute ist wie die nächste. Es stürmt, ich laufe die menschenleere Promenade entlang. Der Wind peitscht die Wel-

len hinauf bis zum Gehweg. Ich schmecke das Salz auf meinen Lippen, drehe mein Gesicht in den feinen Sprühnebel der hoch aufspritzenden Gischt.

Das Meer ist wütend. Der Wind reißt an meinen Kleidern, meinen Haaren, fast wirft er mich um. Dennoch stehe ich hier und lasse mich mitnehmen. Es raubt mir den Atem.

»Mallorca-Jens« ist gestorben, die Medien in Deutschland überschlagen sich. Hier ist es eher eine Randnotiz. Persönlich gekannt haben wir ihn nicht, doch auch ich war ein halbes Jahr zuvor mit meinen Freundinnen in seinem Fan-Café, um ein Foto mit ihm zu bekommen. An seiner Geschichte kamen wohl die wenigsten Deutschen auf der Insel vorbei. Ich bin nachdenklich, so schnell kann das Leben vorbei sein. Das verheerende Unwetter von vor einigen Wochen geht mir wieder durch den Sinn.

Ich gehe einkaufen im spanischen Supermarkt mitten in der Stadt. Ich stehe lächelnd an der Kasse, der Geräuschpegel ist unglaublich – sie lieben es zu reden, laut und alle mit allen. Und ich liebe es, dem Ganzen zuzuhören. Stundenlang könnte ich hier stehen. Die Sonne scheint warm.

Nachrichten aus Deutschland. Es geht auch dort seinen Gang, ob ich dabei bin oder nicht ... Das Meer ist ruhig.

Musik. Unsere Tochter ist jetzt Fan der Kelly Family. Was das bedeutet, muss ich nicht weiter erläutern ... Ich denke, bis Weihnachten können wir sämtliche Texte auswendig. Ein absoluter Flashback. Ich bewege mich in den Erinnerungen von vor 20 Jahren, crazy. Damals durfte man diese Lieder nicht öffentlich anhören, zu peinlich.

Inzwischen bin ich großzügig, sie stören mich nicht. Ist das schon die »Altersmilde«? Werde ich alt? Natürlich, hoffentlich. Mein Blick wandert zum Regenbogen über den Bergen.

Meine Gedanken fahren Achterbahn, mein Herz ist mal hier und mal dort. Wo gehöre ich hin?

Ich hatte das Gefühl, mein Leben zu verpassen, selbst nicht Teil davon zu sein. Nun bin ich hier und die Zeit rinnt mir rasend schnell durch die Finger, die Wochen fliegen davon, ich kann sie nicht aufhalten, kann mich nur fallenlassen und mich vom Strudel erfassen lassen. Ja, genau so wollte ich es haben, denn so nehme ich am Leben teil. An meinem eigenen und an dem der anderen. Ohne Umwege. Mit hochgeklapptem Visier sehe ich allem was kommt, direkt in die Augen. Manchmal habe ich den Impuls zu bremsen, doch ich entscheide mich dagegen.

Gebremst habe ich lange genug.

29. November 2018

- Weihnachtet es sehr? -

Ich sehe doppelt. Etwas ratlos betrachte ich mein zweifaches Spiegelbild vor mir. »Du musst dich umdrehen!« Ach ja, klar. In Deutschland mache ich beim Friseur nichts selbst, nicht mal das »Spiegelhalten« um mich von hinten zu sehen.

Auch das war ein Besuch voller Überraschungen. Ich brauchte Farbe, dringend. Aufs Haar. In Deutschland im Allgemeinen als »Strähnchen« bezeichnet, versehen mit einer Riesenauswahl an Varianten: Dunkel-blond, aschblond, rotblond, goldblond, mittelblond ...

Der erste Besuch bei einem neuen Friseur beginnt dort erst einmal mit 20 Minuten Farbe aussuchen aus einem reichhaltigen Aufgebot an schweren Ordnern voller Farbmuster. Deshalb bin ich heilfroh, wenn die richtige Strähne endlich gefunden ist und fein säuberlich in meiner Kartei vermerkt. »Aufgelistet« quasi, wie beruhigend.

Es kam also auch hier auf der Insel der Tag, an dem eine frische Kolorierung meiner Haarpracht unvermeidlich war. So machte ich mich auf, einen adäquaten Friseur zu finden und stiefelte auf Grund der bequemen Nähe zur Wohnung direkt an der Strandpromenade in einen kleinen Sa-

lon. Termin bekommen, los geht's. In Englisch, Spanisch, Deutsch, hier ist es international.

»Ich brauche Farbe, dringend.«

»Claro. Blond?«

»Si.«

»No problem.«

Ich setze mich hin und habe umgehend Strähnchen im Haar. Willst du blond, bekommst du blond. Oder rot, braun, schwarz. Zack, fertig. Ohne Schnickschnack, dafür mit inbrünstig mitgesungenen 80er-Jahre-Hits, denn Engländer lieben Karaoke. Wie lustig, das macht gute Laune!

Fast hätte ich sie übersehen. Frisch erblondet laufe ich etwas später in der warmen Herbstsonne durch die Fußgängerzone, als meine Augen an der hiesigen Weihnachtsbeleuchtung hängen bleiben. Sagen wir mal so, sie haben etwas aufgehängt. Unaufdringlich. Dieses Jahr kam der erste Dezember für mich wirklich überraschend, zum Glück haben wir noch rechtzeitig Adventskalender für die Kinder bekommen. Es gab zwei Sorten zur Auswahl, »muy facil – sehr einfach.« Das hat uns viele Diskussionen erspart.

Weihnachten findet hier de facto bis jetzt nur sehr spärlich statt. Weder stolpert man in jedem Geschäft über Riesenregale voller Weihnachtsmännerarmeen noch über Lebkuchen, Plätzchen, Glühwein oder sonsti-

ges Feiertags-Equipment. Das liegt sicherlich auch daran, dass die Geschenke bei den Mallorquinern von den »Heiligen drei Königen« zu den Kindern gebracht werden, also zwei Wochen später als in Deutschland.

Ob der »Weihnachtswahnsinn« allerdings noch Einzug hält, wage ich zu bezweifeln, das ist außerhalb der Hauptstadt nicht vorgesehen. Die Touristen sammeln sich in Palma, dort kann man ausgiebig Weihnachtsluft schnuppern, mit üppiger Beleuchtung, riesigem Weihnachtsmarkt, Musik und vielen Menschen.

Ansonsten ist es ruhig wie immer, »tranquilo«. Mir gefällt das.

Ein bisschen Tradition brauche ich hier allerdings auch. Unser Adventsgesteck habe ich in einem deutschen Restaurant ergattert, das zum Saisonabschluss einen kleinen Adventsmarkt organisiert hat. Mit Bratwürstchen und Glühwein. Am ersten Advent werden wir den Gottesdienst in der spanischen Kirche besuchen und so unsere Weihnachtszeit beginnen. Vielleicht laufen wir dann auch einmal die Fußgängerzone entlang, um die beruhigende Beleuchtung zu bewundern.

Mit Sangria und Eiscreme.

Nikolaustag

Die Mallorquiner haben ungefähr doppelt so viele Feiertage wie die Deutschen, so fühlt es sich zumindest an. Auch am Nikolaustag haben die Kinder schulfrei und die Geschäfte geschlossen, alle Arbeiten ruhen. Doch nicht etwa aufgrund des Gedenkens an den Heiligen, der seinen Mantel teilte, nein. Die Spanier feiern ihre Verfassung. Also, das Gesetz, nicht ihren physischen Zustand, zumindest noch zu Beginn der Feierlichkeiten. So hatten auch wir einen ruhigen und besinnlichen Tag zusätzlich geschenkt bekommen, und verbrachten ihn mit einer Hommage an den Müßiggang ...

»Emil! Schau mal, wir haben Futter dabei! – Blöde Ente.« Leicht beleidigt packt unsere Tochter ihr mit viel Liebe und Hingabe zubereitetes, und mit Hilfe diverser Internet-Foren für gesunde Tiernahrung, selbstgemachtes Entenfutter zurück in die Box und setzt sich zu uns auf den Steg des mit riesigen Felsbrocken aufgeschütteten Wellenbrechers in die Abendsonne. Im Normalfall ist die ordinäre Hausente wahrscheinlich froh, wenn ihr einmal im Leben köstlich gedämpfte Apfelstückchen kredenzt werden, doch unser mallorquinischer Enterich, der in der kleinen Badebucht vor unserer Wohnung haust, hält von gesundem Essen offensichtlich nichts. Von frischem Baguette dafür umso mehr und so verschwindet fast täglich ein halbes Baguette in seinem kleinen Entenmagen. Robustes Kerlchen.

Seit Tagen beobachten die Kinder den Erpel von unserem Balkon aus und sorgen sich um sein Wohlergehen, denn im Herbst werden die natürlichen Nahrungsmittelquellen immer weniger. Inzwischen hat er sich an uns gewöhnt und kommt uns bereits auf seinen kurzen Beinchen entgegengewatschelt, sobald wir den Strand betreten. Ein ungewöhnliches Haustier, aber in diesem Jahr ist so einiges anders als zuvor.

Wir sitzen träge auf unseren Strandtüchern am Rande der großen Steine und genießen die Strahlen der untergehenden Sonne. Wir beobachten amüsiert unseren Sohn, der es sich nicht nehmen lässt, noch einmal in seinem heißgeliebten Neoprenanzug im Meer schwimmen zu gehen und uns mit wunderbaren Tauchkunststücken erfreut. Allzu viel sehen wir davon leider nicht, er ist ja ständig unter Wasser.

Wir loben ihn trotzdem ausführlich und versuchen, Emil zu überreden, sich unserem Sohn anzuschließen. Da das als »eiserne Reserve« mitgebrachte Brot inzwischen aufgefuttert ist, ist sein Interesse an uns allerdings recht schnell verflogen und so schwimmt er wieder seiner Wege. Unsere Tochter nascht gedankenverloren gedünstete Apfelstückchen.

»Wie sind unsere Pläne?« frage ich meinen Mann ohne großen Tatendrang. Es bleiben nur noch knapp drei Wochen, bis die Feiertage beginnen und wir zum Weihnachtsbesuch nach Deutschland fliegen. Vor acht Tagen ist unser neuer Arbeiter auf der Baustelle angekommen und wir sind noch nicht ganz sicher, was wir von diesem Neuzugang halten sollen. Er ist augenscheinlich eher ein Meister der Worte als der Tat.

Von meinem eigenen Studium weiß ich, dass man als Architekt nicht unbedingt automatisch über einen reichen Fundus an praktischen Erfahrungen als Bauarbeiter verfügt, aber ich wollte die Euphorie über die schnelle Lösung unseres Arbeiter-Engpasses nicht schon im Vorfeld als Bedenkenträgerin trüben.

Nichtsdestotrotz haben mein Mann und ich inzwischen den gleichen Gedanken im Kopf: »In diesem Tempo sind wir nächsten Sommer noch nicht fertig.«

»Wann kommt unser Chico vom Wandern zurück?« frage ich wohl schon zum hundertsten Mal, immer in der Hoffnung, dass die Antwort irgendwann einmal anders ausfallen könnte.

»Mitte Januar« ist jedoch auch diesmal die Rückmeldung meines Mannes. »

Das sind noch fünf Wochen« rechne ich gekonnt im Kopf und höre selbst, wie frustriert ich klinge. »Wir lassen die Situation bis

Weihnachten unverändert, ich denke nicht, dass wir auf die Schnelle noch neue Arbeiter bekommen. Wir erstellen einen Plan, wie weit wir zu welchem Zeitpunkt sein müssen und notfalls soll er auch am Wochenende reinkommen. Er verputzt jetzt einfach weiter alle Wände, ich glaube, das ist das kleinste Übel von allen.«

»Na gut.« stimme ich ihm nach kurzem Überlegen zu und übe mich in Zweckoptimismus: »Warten wir noch ein bisschen ab, es wird schon gut gehen.«

Hätte ich zu diesem Zeitpunkt schon gewusst, wie es auf der Baustelle weitergeht, wäre der letzte Satz sicherlich anders ausgefallen. Doch so packen wir gemütlich unsere Handtücher, Kinder und Apfelstückchen zusammen und machen uns auf den Weg zurück in die Wohnung am Meer, um unser Abendessen vorzubereiten.

11. Dezember 2018

- Kopfsache -

»Zwei Minuten sitzen, denken!«

Um seiner herzlichen Aufforderung Nachdruck zu verleihen, macht der nette Herr in Weiß neben seiner Stirn eine kreisende Bewegung mit dem Zeigefinger. Ich wechsle grinsend einen Blick mit meinem Sohn an meiner Seite und so setzen wir uns und denken.

Der 2. Advent. »Es ist schön hier«, bemerkt mein Sohn und sieht sich die kleine Kirche ganz genau an.

Wir waren bereits am vergangenen Sonntag hier, um dem allwöchentlichen »deutschsprachigen« Gottesdienst beizuwohnen und weil es unseren Kindern gut gefallen hat, kommen wir gerne wieder.

Die Uhrzeit ist christlich, er beginnt um 10 Uhr und dauert etwa eine halbe Stunde. Für die Spanier allerdings wohl noch zu früh, sie gehen erst um halb zwölf zur Messe.

Das Gotteshaus ist eher ein Gemeindesaal, lichtdurchflutet, mit Holzbänken und einem etwas erhöhten Altar in der Mitte des Raumes. Darüber schwebt ein großes Metallkreuz und in den Ecken rechts und links wurden diverse Heiligenfiguren drapiert. Eine Madonna mit Kind, eine andere mit dunkler Hautfarbe, dazwischen wachsen große Grünlilien in ihren Töpfen fast bis zum Boden.

Dann fällt mein Blick auf Dinge, die mir gut gefallen, da sie in ihrer Symbolkraft unschlagbar aussagekräftig sind: Es gibt kein goldenes Geschirr. Die Schalen und Becher für die Eucharistiefeier sind aus einfacher Keramik hergestellt, rot eingefärbt und mit einem dunkelblauen Rand versehen. Vor dem Altar steht ein siebenarmiger Leuchter, darauf brennen sechs verschiedenfarbige Kerzen, eine davon mit einer großen Sonnenblume verziert. Der Adventskranz zur Linken ist aus Kunststoff und wurde mit roten Schleifen und Ölkerzen reich bestückt.

Es ist kunterbunt – und? Es macht nichts. Überraschende Erkenntnis. Niemand stört sich daran, im Gegenteil. Wir sind nur rund zwanzig Besucher der Messe, jedoch sind alle mit dem Herzen dabei. Wir kommen nicht wegen der Dekoration oder aufgrund der beeindruckenden Architektur. Wir singen inbrünstig die deutschen Weihnachtslieder, so laut, wie ich es in Deutschland nur selten höre und wir fühlen uns hier sofort zu Hause.

Der spanische Pfarrer spricht die Messe in Castellano und wir verstehen trotzdem was er sagt, denn der Ablauf und die Worte sind im Spanischen identisch wie im Deutschen. Mein Sohn ist beeindruckt und hört mir aufmerksam zu, als ich ihm noch etwas mit auf den Weg gebe: »Egal wo auf dieser Welt Du dich befindest, in jeder Kirche kannst du dich zu

Hause fühlen, denn Gott ist bei dir. Ihn kannst du mitnehmen, wohin du auch immer gehen wirst. Das wird dir Kraft und Zuversicht geben, wenn du möchtest. Und du brauchst keine Angst zu haben vor den Dingen, die dich im Leben noch erwarten werden.« Ich persönlich finde das auch sehr beruhigend.

Auf eine Predigt wird in der Messe übrigens verzichtet, was mich schon wieder zum Nachdenken bringt: Haben wir in unseren Gottesdiensten in Deutschland manchmal zu wenig Raum zur eigenen Entfaltung? Sollten wir wirklich immerzu allen alles vorbeten und vorsagen? Ist auch an dieser Stelle manchmal weniger mehr? Lass Dir selbst ein bisschen mehr Freiheit und lass Dich treiben, auf Weihnachten zu.

Nach den beiden Lesungen und dem Evangelium darf hier also jeder selbst über das Gehörte nachdenken und sich davon mitnehmen, was er möchte. Das tue ich dann auch und so begleitet mich diese Woche der Psalm des Gottesdienstes: »Großes hat der Herr an uns getan, da waren wir fröhlich.«

So einfach ist das.

18. Dezember 2018

- »Was machen Frauen morgens um halb vier?« -

An diesem Titel eines Fernsehfilmes unserer wöchentlichen TV-Zeitschrift bleibe ich unwillkürlich hängen, denn das ist eine absolut berechtigte Frage! Tatsächlich zähle ich zu der Spezies derjenigen Nachteulen, die auch ohne Hilfe eines Weckers, Kindes, Ehemannes, betrunkenen Nachbars, Unwetters etc. morgens um halb vier wach sind. Einfach so. Ohne besonderen Grund.

Da schreibt man dann in Ruhe ein paar Emails oder klingelt per Whats-App seine Freunde aus dem Schlaf, daddelt ein bisschen im Internet, plündert den Kühlschrank, liest ein gutes Buch zu Ende – nur keinen Thriller, da bekomme ich Herzrasen.

Ich habe allerdings mit Erstaunen festgestellt, dass ich diese Phasen hier weitgehend abgelegt habe und die Nächte durchaus zum Schlafen nutze.

In den ersten Wochen im Häuschen war mein Schlaf sogar dermaßen komatös, dass mein Mann seine ausgiebige Mückenjagd in unserem Schlafzimmer in voller Festtagsbeleuchtung und mit gehörigem Lärmpegel veranstalten konnte, ohne dass ich davon etwas mitbekommen habe. Offensichtlich hatte ich Schlafmangel.

Nachdem ich inzwischen wohl einigermaßen ausgeruht bin und mein Kopf wieder Spaß am Denken hat, bin ich auch gerne wieder nachts unterwegs und genieße die Ruhe. Und schreibe.

Das leise Meeresrauschen, die dunklen Silhouetten der Palmen, der volle Mond, der eine breite Lichtschneise auf dem dunklen Wasser hinterlässt, so dass man sofort den Impuls verspürt, dort spazieren zu gehen ...

Herrlich! Diese Parallelwelten, die es meist nur in unserer Fantasie zu geben scheint – hier werden sie möglicherweise real und manches Mal bin ich mir tatsächlich nicht ganz sicher, ob ich hier sitze oder noch schlafe.

Nun ist es auf jeden Fall fertig und ich freue mich sehr, dass es noch vor Weihnachten auf dem Markt erhältlich ist: Mein erstes Buch.

Bevor jetzt alle rückwärts vom Stuhl fallen – es ist in der Tat ein Buch geworden, allerdings ganz anders, als ich mir mein erstes Werk vorgestellt habe. Und ganz gewiss völlig anders, als sich das viele von euch vorgestellt hätten.

Aber es ist ja immer wieder schön, festzustellen, dass die Erkenntnisse unerschöpflich sind und so kam es zu meinem Projekt: Ich schreibe tatsächlich schon immer und ich schreibe sehr gerne. Zusätzlich habe ich in den letzten beiden Jahren die Zeit genutzt und nebenbei ein Fernstudium zum »Literarischen Schreiben« absolviert, weil ich einfach gerne das dazu notwendige Handwerk etwas besser lernen wollte.

Und dann kam mal wieder etwas vom Himmel gefallen, unerwartet und überraschend und ich habe einfach zugegriffen. Eine Publikationsanfrage eines Verlages trudelte über meinen Email-Account herein, gerade in der Zeit des größten Aufbruchs. Inmitten von Kisten und Listen, Organisation und Chaos, Aufregungen, Abschieden und Neuanfängen sagte ich dem Verlag ein Buchprojekt zu. Spontan und ohne zu wissen, wie das eigentlich aussehen sollte.

Die Anfrage war noch dazu nicht eine der kommerziellen, sondern eher der speziellen Art: Ein Verlag, der sich auf christliche Literatur spezialisiert hatte und auf der Suche war nach veröffentlichungswürdigen Textsammlungen, die sich mit religiösen Fragestellungen befassen. Ob ich in meinem Archiv eventuell passende Texte hätte, die ich gerne veröffentlichen würde?

Und weil ich immer noch an das Universum glaube, dachte ich: »Ja, warum eigentlich nicht«. Kurze Zeit später hatte ich einen »Autorenvertrag« und immer noch kein Buch. Dank der netten, aber unmissverständlichen wöchentlichen Erinnerungen seitens des Verlages, dass mein Buchprojekt bisher nicht vollständig sei, machte ich mich dann endlich daran, etwas zu erschaffen.

Am Ende haben mir viele liebe Menschen dabei geholfen, es fertig zu schreiben, die meisten von ihnen haben es wahrscheinlich nicht einmal bemerkt. Und doch waren sie mir wertvoll, denn das Buch wäre ohne sie nicht entstanden.

Nun ist es vollständig und kann beim Verlag bestellt werden. Dann dachte ich mir: »Jetzt hast du schon mal etwas geschrieben, dann kannst du es ja auch als E-Book veröffentlichen.« So kam es dann auch.

Dann dachte ich mir: »Jetzt hast du schon mal ein E-Book auf dem Markt, dann kannst du auch ein Taschenbuch daraus machen«. So kam es dann auch. Unter dem Titel: »Tage der Tulpen – Ein Besuch zu Hause« von Christina Gerber ist es als »Kindle«- und »Tolino«-Version oder als Taschenbuch erhältlich.

Jetzt darf also jeder, der mag, mein Buch lesen – oder es sein lassen ... Es ist auf jeden Fall ein Anfang.

Und ich habe meine nächsten Projekte schon im Kopf – auch nachts um halb vier.

28. Dezember 2018

- Hin- oder Rückflug? -

»*Einen wunderschönen guten Morgen, meine Damen und Herren! Ich begrüße Sie herzlich auf Ihrem Rückflug von Palma de Mallorca nach Nürnberg ...*«

»*Bei uns ist es diesmal der Hinflug ... lustig!*«, *raune ich meiner Tochter leise ins Ohr. Ich lehne mich entspannt zurück und wir warten auf die Starterlaubnis.*

Weihnachtsferien. Zwei Wochen Deutschland. Wie es wohl wird? Die vergangene Woche stand auch auf der Insel ganz im Zeichen der bevorstehenden Festtage. Die Kinder bekamen ihre ersten Zeugnisse und ihre guten Zensuren machten uns wirklich sprachlos, das hatten wir ihnen in diesem Ausmaß nicht zugetraut! In der Schule pflegte man in den Tagen vor Weihnachten mit viel Herz die üblichen Traditionen: »Ensaimadas« backen mit den Kleinen aus der Vorschule. Weihnachtssingen der Schulkinder in den örtlichen Kirchen.

Und natürlich nicht zu vergessen: ausgiebiges »Chocolate«- Essen! Diese Köstlichkeit ist vergleichbar mit der Tradition des deutschen Glühweines und Christstollens. »Chocolate« bezeichnet eine dickflüssige, warme

Trinkschokolade, mit Milch zubereitet (kein Kakao!) und zum Dippen diverser gebackener Schweinereien wie Churros, Ensaimadas und noch Vielem mehr wunderbar geeignet. Alles total gesund und »sin calorias«, versteht sich.

Auch unsere Baustelle hat ein Etappenziel erreicht. Strom und Wasser sind inzwischen verlegt, so dass es im Januar mit frischem Schwung an die endgültige Innenrenovierung gehen kann. Trotzdem sind wir froh, einige Tage Pause einlegen zu können, besonders meinen Mann haben die letzten Wochen angestrengt – körperlich wie auch mental.

So fliegen wir also unserem »Heimat«- Urlaub entgegen, wobei mir dieser Begriff zugegebenermaßen etwas schwer über die Lippen kommt. Ich fühle mich in unserem mallorquinischen Jahr schon sehr zu Hause...auch deshalb bin ich gespannt, welche Gefühle mich in Deutschland einholen werden.

»Da ist er, ich seh` ihn!« Meine Tochter steuert schnurstracks auf den Mann meiner Freundin zu, der uns mit seiner geräumigen schwarzen Limousine am Flughafen empfängt und was unser Sohn sofort mit den Worten kommentiert: »Ich komme mir vor wie ein Promi!«

Wir freuen uns sehr, ihn zu sehen und lassen uns nur zu gerne von ihm durch den deutschen Dauerregen Richtung Dorf kutschieren.

Keine halbe Stunde später sitzen wir schon gemütlich bei Bier und Plätzchen im herrlich weihnachtlich geschmückten Wohnzimmer unserer

Freunde und erzählen uns die ersten Neuigkeiten. Ich muss sie immer wieder anschauen und ein bisschen knuddeln, so lange habe ich sie nicht gesehen. Es ist wirklich schön, wieder einmal hier zu sein!

Und wir sind ordentlich gerührt von der unglaublichen Fürsorge, die uns hier entgegengebracht wird. Der Kühlschrank ist rappelvoll, die Getränke sind kaltgestellt, der Hase steht voll im Futter, Weihnachtsbaum und Weihnachtsdeko, ja sogar ein ganzes Haus wird selbstlos mit uns geteilt, Wurst, Käse und Brot von heimischen Metzgern und Bäckern lassen uns auf Wolke sieben schweben.

Die Krippenfeier in der Kirche: als wären wir nie weg gewesen. So viele freuen sich, uns zu sehen, die Kinder ministrieren und ich genieße diesmal die Ruhe, denn ich brauche nicht mit zu machen. Ich darf einfach nur zusehen. Die halbe Gemeinde drückt uns ans Herz und besonders rührt mich am Ende der Satz: »Es ist halt schöner, wenn ihr da seid.«

Nach Heiligabend sind wir direkt wieder auf Tour, unsere Familien zu besuchen. Auch hier lassen wir uns nur zu gerne einladen in weihnachtliche Stimmung, leckeres Essen, Geschenke, gute Gespräche und dieses unverwechselbare »Daheim«-Gefühl, das wir aus unseren Kindertagen kennen.

Inzwischen ist die erste Woche schon wieder vorbei.

Unsere Eindrücke bisher? Das Wetter ist nicht sehr erstrebenswert. Unsere Familien und unsere Freunde um uns herum dafür umso mehr. Sie lassen unser Dorf für uns zu einem richtigen Zuhause werden und es ist völlig egal, wo wir uns befinden, wir genießen es einfach, wenn wir zusammen sind.

Silvester schickt bereits seine Schatten voraus, was wird das kommende Jahr bringen? Wir werden wieder liebe Menschen zurücklassen, das ist der einzige Aspekt, der schmerzt. Die ersten Abschiede habe ich schon hinter mir, einer davon kam unerwartet. Offensichtlich kann ich nicht alle behalten...und das hat nicht unbedingt etwas mit der Entfernung zu tun.

Doch trotz der schönen und kuscheligen Zeiten hier in Deutschland sind mein Mann und ich uns einig: Wir freuen uns sehr auf unsere Insel. Nach der (für mein Empfinden sehr kurzen) Zeit, die wir bisher dort verbringen konnten, ist die Erkenntnis folgende: Dieses Projekt war die beste Idee, die wir je hatten. Gehen wir am Ende zurück nach Deutschland? Bis jetzt ja.

»Vamos a ver – schauen wir mal.«

Teil 2:

Januar bis April

10. Januar 2019

- La Ruina -

Mir ist mulmig zumute. Langsam und vorsichtig öffne ich die verstaubte Türe, immer auf der Hut und bereit, einen großen Satz rückwärts zu machen, sollte mich unerwarteterweise ein Gecko, eine Spinne oder ein Landstreicher anspringen.

Ich halte die Luft an und spähe in das dämmrige Innere des Hauses. Modriger Geruch schlägt mir entgegen, nicht gerade einladend. In diesem Moment scheppert es ohrenbetäubend und ich fahre erschrocken zusammen.

Stocksteif bleibe ich stehen und lausche. Während mein klopfendes Herz sich langsam wieder beruhigt, erkenne ich durch den Türspalt die Ursache: Eine lange, rostige Eisenstange hat sich selbstständig gemacht und ist ungebremst auf den Steinboden geknallt.

Ich bin hin- und hergerissen zwischen meiner Neugier, einen mystischen, verlassenen Ort zu erforschen und meinem angeborenen Fluchtreflex, der bei mir besonders gut ausgeprägt zu sein scheint. Er sucht mich nicht nur in der Dunkelheit, in Angesicht zu Angesicht mit großen Schäferhunden oder bei heftigen Unwettern heim, nein. Ich brauche noch immer ein großes Sofakissen griffbereit neben mir, wenn ich im Fernsehen einen »Hitchcock« oder ähnlich unheimliche oder spannende Filmchen anschaue.

»Harry Potter« schaffe ich nur bis Teil 3 ... mit anderen Worten: Ich bin ein echter Angsthase. So bin ich nicht wirklich sicher, ob mein neuestes Steckenpferd genau das Richtige für mich ist, dennoch kann ich mich der Faszination dieser Orte nur schwer entziehen: »Lost places«

Um euch alle an dieser Stelle mal kurz über den Begriff ins Bild zu setzen, hier eine kurze Erläuterung: Bei den sogenannten »Lost places« handelt es sich meistens um verlassene Bauwerke, die aufgrund ihrer geringen Bedeutung kein allgemeines Interesse finden. Die Bezeichnung beschreibt im Allgemeinen jeden Ort, der in seiner ursprünglichen Nutzung aufgegeben wurde und in Vergessenheit geraten ist.

Nicht zu unterschätzen sind die Gefahren, die diese Plätze unter Umständen bergen. Das Betreten solcher Orte ist rechtlich nicht eindeutig geregelt, was sicherlich zu ihrer Faszination beiträgt ...

Auch bei diesem Thema bietet Mallorca ein Eldorado der Möglichkeiten und gedanklich habe ich schon unzählige Orte erforscht und atemberaubende Fotos davon gemacht.

Nun ja. Etwas schade ist an dieser Stelle, dass ich mich bei meiner ersten realen mystischen Erkundungstour mitnichten in einem abgelegenen, hoch spektakulären »Lost place« der Insel befinde, sondern in unserem eigenen Häuschen. Nach unserem zweiwöchigen Weihnachtsurlaub liegt die Baustelle verlassen da, ein trauriger Windhauch umstreicht das Gebäude, es fehlen eigentlich nur noch die berühmten Steppenläufer, die in Wildwest-Filmen regelmäßig durchs Bild rollen.

Ehrlich gesagt bin ich ziemlich ernüchtert und unser ehrgeiziger Plan, bis Mitte Februar wieder hier einzuziehen, scheint angesichts des aktuellen Zustandes in weite Ferne zu rücken. Nichts ist mehr an seinem Fleck. Der Boden ist aufgerissen, die Leitungen von Wasser und Elektrik winden sich wie schwarz-weiße Schlangen durch die neu geflexten Schlitze, ein heilloses Durcheinander an Werkzeugen, Zigarettenstummeln, benutzten Kaffeebechern, Essensresten und natürlich die obligatorischen Heerscharen an Müllsäcken begrüßen mich bei meinem Besuch auf der Baustelle.

Zur vollkommenen Abschreckung ist alles, wirklich alles mit einer zentimeterdicken Staubschicht überzogen, aber nein, nicht Staub im herkömmlichen Sinne: es ist Baustaub. Grau, dick, schwer und in Verbindung mit Wasser ein einziger klebriger Klumpen, mir graut jetzt schon vor dem Saubermachen.

Ich habe vorerst genug gesehen. Frustriert ziehe ich die Türe hinter mir zu und hoffe auf den nächsten Tag.

»Muy bien, muchas gracias!«

»No problema, señorita, hasta luego!«

Herrlich! Was freue ich mich, dass ich mich auf das Yin und Yang des Lebens verlassen kann. Mit dem Kofferraum voll »Cemento fina« verlasse ich im Cabrio den Hof des hiesigen Baumarktes, fehlt eigentlich nur, dass mir die netten Jungs von der Materialausgabe hinterherwinken. Als ich den kleinen Berg hinunter fahre, breitet sich unsere Bucht vor mir in ihrer ganzen Schönheit aus: die Sonne strahlt über das dunkelblaue Wasser, die Hügel leuchten im satten Grün der Pinien, die Luft trägt den mediterranen Duft der Insel ins Landesinnere herein. Mein Herz hüpft, ein perfekter Moment.

Nach zwei Tagen »Ankommen« bin ich wieder in der Spur. Ich habe nach langer Zeit endlich wieder Freude gefunden an meinem ursprünglichen Beruf und genieße momentan alles, was damit zusammenhängt: Pläne erstellen, Baustellenbesprechung, Materialbeschaffung. Wir packen an und nach kurzer Zeit sieht das Haus schon nicht mehr schrecklich aus. Die Abbrucharbeiten sind vorüber, wir bauen auf. »Mucho mejor, viel besser«.

Ja, ich habe eine Schwäche für alte Häuser und ihre Geschichten, die sich dahinter verbergen mögen. Ich liebe es, den Ruinen Leben einzuhauchen, ob real oder in meiner Fantasie ... unendliche Weiten.

Am Nachmittag radeln mein Sohn und ich auf dem Weg zur Baustelle an einer kleinen, verlassenen Rohbausiedlung in der Nähe des Strandes vorbei. Ich drossele mein Tempo und mustere interessiert die kleinen

Häuser und Wohnungen, einfach nur so. Mein Sohn beobachtet mich und fragt: »Mama, die Häuser sind leer, willst du sie kaufen?«

Sein Tonfall ist eher der einer Feststellung und lässt mich schmunzeln. Offensichtlich ist es für ihn selbstverständlich, dass ich jedes alte Haus kaufe, das mir zwischen die Finger kommt.

Vielleicht hat er damit gar nicht so unrecht ...

Ausfallerscheinungen

Es ist so eine Sache mit dem Verstand und dem Herz. Das Herz ist nur zu gerne bereit, alles impulsiv anzunehmen oder abzulehnen, was sich ihm tagtäglich auf seinem Weg präsentiert. Doch bevor wir dementsprechend handeln können, hören wir die wohlbekannte Stimme in unserem Kopf: »Ist das richtig? Was, wenn nicht? Du könntest doch auch …? Wäre das nicht besser? Was passiert, wenn …?« Dieser verflixte innere Kampf bringt uns immer wieder in die schönsten Konflikte, doch wer behält, im Nachhinein betrachtet, recht? Unentschieden …

»Er kommt nicht!« Mein Mann ist einigermaßen erschüttert und legt langsam sein Handy auf den Esstisch.

»Wie bitte?«, frage ich entgeistert, das ist eine wirklich schlechte Nachricht.

Unser Bauleiter hat auch nach den Weihnachtstagen die Kontrolle über unsere Baustelle behalten, allerdings mit einigem Widerwillen meines Mannes. Im Laufe der vergangenen Wochen hat sich nur zu deutlich gezeigt, dass Sergio relativ wenig praktische Erfahrung aufzuweisen hat und dass seine Ansichten, wie gewisse Dinge auszuführen seien, doch sehr waghalsig oder antiquiert sind. Da mein Mann aus einem Elternhaus mit eigenem Sanitär- und Installationsgeschäft kommt, ist er sich in vielen Bereichen sicher, über mindestens genauso viel Fachwissen zu verfügen. Dieser Umstand führt immer häufiger zu Spannungen, sowohl bei der Arbeit als auch in unserer Beziehung.

Es ist in dieser Situation zusätzlich wenig förderlich, dass auch ich »vom Fach« bin und tatsächlich die einzige in unserem Umkreis, die das Thema fachgerecht studiert hat. So habe ich häufig den Drang, ebenfalls meine Meinung zu diversen Konstruktionen kundzutun und sofort ergibt ein Wort das andere. Leider allzu oft lautstark und emotional, was für das Gesamtklima nicht zuträglich ist. Von den vierzehn Tagen Weihnachtsurlaub haben wir uns ein wenig Ruhe und Abstand erhofft, was uns im Grunde auch geglückt ist, bis heute.

Heute sollte der Cousin, der wändeverputzende Architekt, ebenfalls aus seinem Weihnachtsurlaub zurückkehren. Tat er aber nicht. Der wütende Anruf unseres Bauleiters erreicht meinen Mann noch vor dem Frühstück.

»Er war nicht im Flugzeug«, berichtet er nun von seinem Telefonat: »Sergio war pünktlich dort, der Flieger ist planmäßig gelandet, sein Cousin war aber nicht drin. Sergio kann ihn nicht erreichen, er ist furchtbar sauer. Er meint sogar, dass sein Cousin uns beide gelinkt hat und überhaupt nicht mehr kommen wird.«

Ich kann das im ersten Moment gar nicht glauben. Nein, ich will es nicht wahrhaben, das trifft es wohl eher auf den Punkt. Glauben kann ich es sofort, denn das berüchtigte Magengrummeln begleitet mich ja schon länger bei dieser Konstellation auf der Baustelle. »Jetzt warten wir erstmal ab. Irgendeine Nachricht wird schon noch kommen, er kann sich ja nicht in Luft aufgelöst haben. Vielleicht ist er krank oder er war im Stau und hat deshalb das Flugzeug verpasst.« So stehen mein Mann und ich wieder einmal allein da, inmitten eines halb abgerissenen Hauses umgeben von tonnenweise Schutt, palettenweise neuem Material und großen Baumaschinen. Das neue Jahr beginnt, wie das alte endete.

Mangels Alternativen machen wir uns halbherzig daran, Beton anzumischen und selbst die Arbeiten weiterzuführen. Am frühen Nachmittag erscheint unser Baustellenzigeuner. Man sieht ihm seine Wut immer noch an, was bei den Nachrichten, die er bringt, nicht verwunderlich ist. Nach unzähligen Versuchen hat er seinen Cousin tatsächlich erreicht. Dieser tischte ihm eine mehr als fadenscheinige Geschichte auf: Er sei seit gestern im Krankenhaus, weil er vor den Feiertagen bei uns von der Leiter gefallen sei. Wir machen große Augen, denn davon hatten wir nichts mitbekommen. Die Kernbotschaft ist auf jeden Fall: Er kommt nicht mehr zurück, was uns im Baufortschritt, wie auch mental um einige Stufen zurückwirft. Neben der Zeitverzögerung haben wir mit dieser Tatsache unglücklicherweise auch einen wirtschaftlichen

Schaden zu beklagen, denn wir hatten dem Cousin vor seiner Abreise einen Gehaltsvorschuss gewährt mit der Vereinbarung, dass
er die fehlenden Stunden in der Woche seiner Rückkehr wieder
hereinarbeiten würde. Offensichtlich war die Versuchung für ihn
zu verlockend gewesen, einfach das Geld einzustecken und sein
Wort zu brechen. Wir hatten zu hoch gepokert, zu sehr vertraut,
uns von den vielen Versprechungen und Schmeicheleien einlullen lassen. Selbst schuld, in der Tat.

Immerhin erweist sich Sergio in dieser Situation wider Erwarten
als durchaus hilfreich, denn über unseren Wander-Chico, auf den
wir schon so sehnlichst warten, kann er uns einen waschechten
professionellen Fliesenleger besorgen. Wir atmen auf und werden
vorsichtig optimistisch, als Mitte Januar endlich die ersehnte Ver-
stärkung eintrifft und unser Sanierungsprojekt wieder auf die
richtige Spur kommt. Das Häuschen ist gefüllt mit arbeitenden
Menschen, laute Musik und Gesang begleiten den Baufortschritt.
Wir sind erstmal über den Berg und starten das neue Jahr schließlich doch noch mit ein paar Erfolgserlebnissen. Doch den Verrat
des Cousins tragen wir noch lange Zeit mit uns herum.

21. Januar 2019

- »Isch abe gar keine Auto« -

Mit Schwung knalle ich die Autotür zu und latsche mit meinem ganzen Geraffel wieder Retoure, zurück in unsere Wohnung im fünften Stock. »Batterie ist leer!!!«, brülle ich, noch an der Haustüre stehend, damit der Rest der Familie die Situation schon mal richtig einordnen kann.

Es gibt Tage, da erreicht meine durchaus milde Grundstimmung, die ich mir in den letzten Monaten gegenüber allen anfallenden Widrigkeiten des alltäglichen Lebens antrainiert habe, einfach ihre natürlichen Grenzen.

»Schon wieder?«, kommt die erstaunte Stimme meines Mannes aus der Dusche. Und gleich anschließend die Bitte: »Kannst du mal kurz den Wasserhahn aufdrehen?«

Abwartend steht er in voller Schaummontur unter der tellergroßen Regenbrause, aus der es leider nicht braust, sondern tropft. Die Wasserpumpe im Keller des Hauses ist aus Kostengründen etwas zu klein ausgefallen und schafft es daher nicht regelmäßig, die ausreichende Wassermenge zu uns nach oben zu befördern. Dreht man jedoch gleichzeitig den Wasserhahn am Waschbecken auf, fließt das herrliche Nass sogleich viel schneller aus der Duscharmatur, warum auch immer. Die spanischen (Wasser)Wege sind manchmal etwas verschlungen.

»Das Starterkabel hat sein Schwiegersohn und der ist bis heute Abend in Palma«, übersetze ich ihm gut zwanzig Minuten später, als wir gemeinsam mit Juan und unserem Sohn fachmännisch das unschuldig aussehende Cabrio betrachten.

Wie schon so oft ist Juan unser Helfer in der Not und kam sofort nach unserem Hilferuf mit seinem metallic-blauen Pickup, der mir übrigens auch ausnehmend gut gefällt, zu uns gefahren. Wir diskutieren kurz die Alternative, die gesamte Batterie auszubauen und extern aufzuladen, da wir sie jedoch unter der Motorhaube auch nach intensiver Suche nicht finden können, verwerfen wir den Plan ziemlich schnell wieder.

»El Chino«, schlägt Juan daraufhin vor.

Natürlich! Der Chinaladen, der alles hat, nie geschlossen ist und über ein unterirdisches Preisniveau verfügt, wird uns sicher weiterhelfen.

»Perfekt!«, jubele ich dann kurze Zeit darauf, als unser Silberflitzer wieder schnurrt wie ein Kätzchen und wir mit einer zweistündigen Verspätung endlich zum Einkaufen fahren können. Zur Sicherheit bleibt mein Mann mit laufendem Motor in der breiten, blau gestrichenen Parkbucht für Familien stehen, während mein Sohn und ich eilig die wenigen Sachen im Laden besorgen, die wir für die nächsten Tage brauchen. Alles verstaut, hervorragend!

Ich wende mich gerade zum Gehen, um den Einkaufswagen in der langen Polonaise seiner Artgenossen anzudocken, als ein lauter Knall mich gehörig zusammenfahren lässt.

Das Cabrio steht. Der Motor läuft einwandfrei, mein Mann rührt mit dem Schalthebel wie mit einem Schneebesen beim Sahneschlagen, doch es hilft nichts. Das Auto bewegt sich nicht.

»Vielen Dank, das war wirklich nett von Ihnen«, bedankt sich unser Sohn sehr artig, als wir eine halbe Stunde später mitsamt unseren Einkaufstüten vor unserer Haustür aus dem weißen Baustellenbus herauspurzeln. »Das nächste Mal bleibe ich lieber zu Hause«, fügt er anschließend noch hinzu, die Autoaktion war definitiv nicht nach seinem Geschmack.

Ein sehr netter, deutscher Arbeiter hat uns in unserer Not seine Hilfe angeboten, so dass uns ein laaaaanger Fußmarsch quer durch die ganze Stadt zum Glück erspart blieb.

Das Ende vom Lied ist also: Wir fahren seit zehn Tagen Fahrrad. Bei Wind und Wetter, Regen, Sturm und Sonnenschein. Unser silbernes Cabrio steht immer noch auf dem besagten Parkplatz und wartet auf Abschleppung.

Da die Mallorquiner, wie wir inzwischen wissen, sehr großen Wert auf ihre Feste legen, hatte in der vergangenen Woche kein Mechaniker Zeit, sich um unser Anliegen zu kümmern, denn: Wir feierten SAN ANTONI, zu Ehren des Schutzpatrons der Tiere. Die Kurzfassung dazu: eine Woche lang Teufel und Pyrotechnik, riesengroße Lagerfeuer mitten in der Stadt, Hierbas, Rotwein, Sobrassada und Gesang. Es wurde tatsächlich eine Woche lang ein einziges Lied gesungen, auch die tägliche Schulmusik dudelte nur diese eine Melodie.

Ich kannte aus dem vergangenen Jahr natürlich schon diverse Filmchen dazu aus dem Internet. Doch was mich in der Realität einmal mehr verblüfft hat, ist die Stimmung, die über der gesamten Stadt liegt. Es fühlt sich an wie eine große Studentenparty. Das Rathaus verteilt an langen Tischen kostenlos für jeden ein »Grill-Kit«, bestehend aus zwei Würsten, zwei Scheiben Speck und Brot so viel man möchte, dazu noch Rotwein und Wasser. Dieser Art reichlich bestückt sucht man sich dann ein Plätzchen an den meterlangen Grillrosten, die an jeder Ecke aufgebaut wurden und an welchen man mit vielen anderen gut gelaunten Mallorquinern gemütlich beisammensteht und seine Beute grillt. Auf Besteck wird verzichtet, jeder hat ja seine Finger dabei.

Der »Dimoni«, der Teufel, dreht seine Runden und tanzt um die zahlreichen gigantischen Feuer, begleitet von der örtlichen Musikgruppe und natürlich dem Gesang aus hunderten gut geölten Kehlen.

Es gibt keine neonbestückten Naschbuden, keine wummernde Technomusik und nervtötende Schlagerbeschallung, kein Karussell oder anders geartete Möglichkeiten, sein Vermögen in irgendwelchen Konsumtempeln zu versenken. Man das Geld nicht zum Hinauswerfen. Es ist familiär und entspannt in der festlichen Nachtstimmung, die Gassen des Ortes sind in warmes Laternenlicht getaucht. Wir machen Halt an einem kleinen Hof und werden sofort herzlich zu Essen und Trinken eingeladen, denn Freunde unserer Freunde sind Freunde.

So lassen wir uns wieder einmal mitnehmen auf eine Reise durch Mallorcas Feste und da sich diese Woche sowieso alle zu Fuß durch die Straßen bewegen, kommen auch wir ohne unser motorisiertes Hilfsmittel ganz gut zurecht.

In der Zwischenzeit haben wir immerhin eine Diagnose zu unserem traurigen Autohaufen bekommen: die Radaufhängung ist gebrochen und wir sind im Nachhinein heilfroh, dass es nicht mitten im örtlichen Kreisverkehr oder auf der Schnellstraße nach Palma passiert ist.

Und wenn uns nicht wieder ein Fest in die Quere kommt, haben wir bis zum Frühlingsbeginn auch wieder ein Cabrio zum Spazierenfahren ...

27. Januar 2019

- Gedanken ... Flug oder Fluch? -

»Wenn Du Dein Herz verschließt, um Leiden zu vermeiden, ist die Pforte Deines Herzens auch für Freude und Liebe verschlossen.«

So begann mein heutiger Sonntag, mit der Nachricht meiner Freundin. Wie schon so vieles in den letzten Monaten, blieb auch dieser Satz bei mir hängen und trifft mal wieder genau den Punkt.

Das neue Jahr ist noch jung und es ist schon viel passiert, manches deutete sich bereits im vergangenen an. Wir befinden uns in Zeiten des Umbruchs. Menschen wachsen am Leben und tragen die Konsequenzen. Beziehungen gehen auseinander, neue finden sich. Ehen, Freundschaften, Arbeitsgemeinschaften.

Die letzte Woche war anstrengend für mich und meinen Mann. Wir haben nicht nur gestritten, nein, wir hatten einen handfesten Krach. Und wie immer liegt der Grund nicht in den Kleinigkeiten, die der Auslöser der Auseinandersetzungen sind, sondern an einer ganz anderen Stelle, weit vergraben in den Tiefen unserer Herzen. Nun verschieben wir Aufgaben, wer fühlt sich für welchen Bereich verantwortlich? Und wer oder was bleibt dabei auf der Strecke? Können wir mit den Folgen leben?

Generell scheue ich mich nicht vor Verantwortung, ich habe sie schon oft übernommen. Aber übernehme ich mich damit selbst in mancher Situation? Und wie hilfreich bin ich dann tatsächlich noch für alle anderen?

Ich neige dazu, die Probleme der Menschen um mich herum zu meinen eigenen zu machen. Ich möchte so gerne helfen, unterstützen und doch scheitere ich oft an diesem Anspruch, denn ich kann es ihnen nicht abnehmen. Dennoch frage ich nach, ich möchte wissen, wie es meiner Umgebung geht, denn ich bin nun einmal ein persönlicher Mensch. Ich möchte mir nicht vorwerfen, verantwortungslos gewesen zu sein durch mein Schweigen. Das ist etwas, das ich mir nicht verzeihen könnte.

Bin ich am Ende nur egoistisch? Natürlich, denn in einer herzlichen Umgebung geht es mir selbst viel besser. Aber ich kann es nicht verhindern, dass ich Verantwortungen wieder abgebe. Weil gemeinsame Wege zu Ende gehen, weil ich gewissen Aufgaben entwachsen bin. Weil es wichtig ist, auch Verantwortung für mich selbst zu übernehmen.

Herz über Kopf. Diese Mentalität ist hier auf der Insel alltäglich, die Menschen um uns herum sind es gewohnt, ihr Herz sprechen zu lassen. Auch unsere spanischen Helferlein tragen es auf der Zunge. Sie reißen uns mit in ihrer Fröhlichkeit, mit ihren Enttäuschungen, ihrem Elan, ihrem Zorn. Sie umarmen und küssen uns, wir lachen und weinen. Wir kennen uns noch nicht lange, doch unser Häuschen ist auch für sie schon ein Zuhause geworden. »Ihr seid wie meine Familie« Dieser Satz rührt mich wieder einmal.

Ja, auch ich trage mein Herz weit offen und somit ist es auch anfällig für Schmerzen. Doch damit kann ich umgehen, auch wenn es ein steiniger Weg ist. Er ist wenigstens echt und ohne den Schein einer schönen Fassade. Ich habe viele Herzen gefunden auf meiner Reise, unerwartet und überraschend und sie bereichern mein Leben. Auch aus Deutschland begleiten mich viele und unsere Wärme strömt ungehindert über das Meer. Manche Wege sind plötzlich viel kürzer, obwohl ich weiter entfernt bin.

Und ja, natürlich mache ich mir Gedanken. Viele davon und immer und immer wieder. So bin ich und wenn ich damit aufhöre, bin ich gestorben. Damit wiederum möchte ich gerne noch warten.

07. Februar 2019

- »No tengo frio« -

Es ist arschkalt, also echt jetzt. Ich drücke mich mittlerweile so lange auf der warmen, völlig durchgelegenen, aber herrlich bequemen azurblauen Couch herum, bis mir die Augen zufallen und ich das »ins Bett gehen« nicht mehr weiter nach hinten schieben kann.

Seit Wochen sind die Nächte frisch und da der Strom teuer ist, heizen wir wie immer nur das Wohnzimmer, ganz wie in Omas Zeiten.

So ist es allabendlich eine echte Überwindung, nicht einfach in Jogginghose und Fleecejacke unter meine vier Bettdecken zu huschen. In Verbindung mit meinen warmen Socken und der heißen Wärmflasche werden das Zähneklappern und die Gänsehaut etwas besser, die Nase bleibt allerdings auch über Nacht ein Eiszapfen. Sehr unangenehm. Ach ja, meine unentbehrlichen Ohrstöpsel lege ich natürlich auch noch an – leider nicht beheizbar. Aber wenigstens fallen damit die Gedanken über Nacht nicht aus dem Kopf.

Auch der Mallorquiner an sich ist eine Frostbeule, daher bin ich in guter Gesellschaft und bewege mich tagsüber im warmen Sonnenschein in Winterjacke, Schal und Boots höchst angepasst über die Insel. Unsere

Kinder haben an dieser Stelle eindeutig nicht meine Gene geerbt – wie zu meinem Leidwesen übrigens in vielen anderen Dingen auch – sie springen nach wie vor in T-Shirt und kurzer Hose herum oder sitzen stundenlang in ihrem eiskalten Zimmer. Unser Sohn wird in der Schule schon von Weitem begrüßt: »No tienes frio??? – Ist dir nicht kalt???« Und insgeheim fragen sich seine Lehrer bestimmt, ob wir denn kein Geld für warme Klamotten haben ... der arme Junge.

»Uauuuuh!!!« Mit offenem Mund steht unser Sohn neben mir auf der Dachterrasse des Häuschens und wirft seinen Kopf in den Nacken, dem gigantischen Schwarm hinterher. »Ich hab' Gänsehaut am ganzen Körper!«

»Ich auch«, gebe ich zu, doch diesmal liegt es nicht an der Kälte. Ich bin noch völlig sprachlos von dem Naturschauspiel, welches uns eben ereilt hat.

Ein Vogelschwarm. Hunderte, Tausende von Zugvögeln, in einer einzigen harmonischen Sinfonie vereint, tanzend am Himmel, eine wogende Wolke aus schwarzen Punkten. In perfekter Einheit durchbrechen sie die Atmosphäre, lassen uns staunend und ergriffen zurück. Nur wenige Meter trennen uns, urplötzlich sind wir ein Teil dieses Zaubers, wir spüren den Luftzug der schlagenden Flügel, hören den Wind rauschen inmitten ihrer Flugbahn. Wir sahen sie kommen am Horizont, unaufhaltsam, konnten nicht glauben, was sich auf uns zubewegte. Binnen Sekunden war uns bewusst, sie werden uns überrollen, doch nein, wir duckten uns nicht. Wir reckten unsere Köpfe mitten in die Welle, ließen uns mitnehmen und erlebten einige Sekunden hautnah und unverhofft das atemberaubende Wunder der Natur unserer Erde.

»Das ist noch ein Baby?«, fragt mein Sohn mich eine gute halbe Stunde später entgeistert. Ich schlucke kräftig an dem Kloß, der sich in meinem Hals festgesetzt hat und bin wieder einmal froh um meine dunkle Sonnenbrille, durch die meine Tränen nicht auf den ersten Blick sichtbar sind. Auf dem Rückweg vom Häuschen zur Wohnung fahren wir mit unseren Fahrrädern wie immer die Promenade am Meer entlang, es ist Sonntag und so wie am Wochenende üblich, sind auch viele Spanier unterwegs. Doch der heutige Auflauf überrascht mich sehr und ich überlege kurz, ob ich den Saisonbeginn auf der Insel irgendwie verschlafen habe. Das hier gleicht doch eher dem Opening am Ballermann als einem gemütlichen Spaziergang.

Unser Sohn kombiniert schneller als ich: »Der Wal! Der Wal ist doch am Strand!«

Ja natürlich, jetzt fällt es mir wieder ein. Schon in den frühen Morgenstunden strandete ein junger Finnwal in unserer Bucht, leider war er krank und ist kurz darauf verstorben. Das Spektakel um ihn ist trotzdem beachtlich und auch absolut verständlich ... Wann hat man schon einmal die Gelegenheit, solch ein imposantes Tier aus der Nähe zu betrachten? Und genau das machen wir dann auch und bahnen uns unseren Weg durch den weichen Sand hin zum abgesperrten Bereich, an welchen der riesige Meeressäuger inzwischen mit Hilfe von Baggern und großem Gerät gehievt wurde.

Dann stehen wir vor ihm und ich sehe ihm in die Augen. Eigentlich nur in eines davon, jenes, das auf der Seite, welche nach oben Richtung Himmel gewandt ist, zu sehen ist. Es ist noch geöffnet, von Falten umgeben und unendlich sanft im Blick. »Wie schade«, schießt es mir durch den Kopf. »So ein wunderschönes Tier!«, und eine kleine Träne rollt meine Wange herunter.

Ich sehe mich verstohlen um und entdecke eine Frau, die sich ebenfalls über die Augen wischt. Die Magie, die dieser sanfte Riese auch im Tod noch ausstrahlt, lässt die Menschen nicht unberührt.

Nichtsdestotrotz muss der kleine Wal nun fortgeschafft werden, was unsere Mallorquiner vor einige Herausforderungen stellt. Die Bagger sind nicht stark genug, die befestigten Gurte reißen angesichts des Gewichtes von ca. sechs Tonnen, die drei herbeigefahrenen Lastwagen sind für die Gesamtlänge des Tieres von fast 15 Metern viel zu klein.

Vor meinem geistigen Auge tauchen die immer emsigen Bauarbeiter aus der Fernsehserie »Die Fraggles« auf, auch sie waren immer viel zu klein für all ihre gigantischen Bauwerke. Schon seltsam, was das Gehirn manchmal für Verbindungen herstellt...

Am Abend lese ich auf meiner blauen Couch die geplanten Maßnahmen für den folgenden Tag im Internet: Der Finnwal muss an Ort und Stelle zerlegt werden, das passiert unter Ausschluss der Öffentlichkeit. Es werden große Zelte errichtet und viele Mitarbeiter des »Palma Aquariums« sind vor Ort, um das Tier medizinisch zu untersuchen.

Ja, der Tag war in der Tat bemerkenswert, reich an Naturschauspielen, dem Leben und dem Tod. Beides lässt mich wieder einmal mit mahnenden Gedanken zurück: »Hab` viel mehr Respekt vor Gottes Schöpfung und gehe mit offenen Augen durch die Welt, um ihre Schönheit zu sehen. Immer wieder.«

Ich spüre den Nachtschatten um die Ecke schleichen und während ich schon in leichten Schlummer hinübergleite, schicke ich spontan meine Wärmflasche mitsamt Socken, Bettdecken und Ohrstöpseln zum Teufel.

Heute schlafe ich einfach auf dem Sofa. Unter der lauschigen Infrarotheizung und herrlich bequem.

Buenas noches a todos.

»Fridays«

Wir haben nicht allzu viele Nachrichten verfolgt während unserem Jahr auf Mallorca. Teils, weil uns die Zeit fehlte, teils die Muße, uns durch die spanischen Nachrichten zu forschen. Und oft hatte ich einfach überhaupt keine Lust, zu erfahren, welch schreckliche Dinge auf der Erde passieren, denn ändern kann ich es sowieso nicht. An dieser Stelle war ich, ehrlich gesagt, manchmal ziemlich rigoros.

Doch eines Tages kam ein kleiner Stein ins Rollen. Unerwartet nahm er andere Steinchen mit sich und die Lawine schwoll an. Ein kleines Pflänzchen kroch aus seinem Samenkorn und wuchs stetig und schnell. Diese spezielle Nachricht kam sogar in der spanischen Schule an und fand den Weg zu uns nach Hause ...

»Mama, kennst du Greta?«

»Ist die in deiner Klasse?« Meine Tochter sieht mich kurz überrascht an und beginnt dann laut zu lachen. »Mama! Das ist doch die aus Schweden!«

Stimmt. Ich erinnere mich dunkel an Schülerproteste und irgendetwas mit »Freitags schulfrei«. Meine Tochter klärt mich natürlich nur zu gerne auf:

»Sie ist Umweltaktivistin und erst 16 Jahre alt! Wir haben heute in der Schule über sie gesprochen und überlegen, auch freitags zu demonstrieren.«

Ich antworte mit einer typischen Mama-Antwort: »Ja, das kann ich mir vorstellen. Freitags schulfrei klingt natürlich sehr verlockend. Habt ihr euch auch einmal mit den Inhalten beschäftigt?« Kaum habe ich den Satz ausgesprochen, driften meine Gedanken ab und eine kleine Stimme auf meiner Schulter flüstert in mein Ohr: »Hast du dich denn schon jemals ernsthaft damit beschäftigt?«

Plötzlich erscheint eine ganze Flut an Umweltsünden vor meinem inneren Auge, die auf der Insel in katastrophal geballter Art auf-einandertreffen und ich bekomme ein schlechtes Gewissen. Un-zählige Flugzeuge bevölkern den Himmel, Tausende von Mietwa-gen rasen, fahren und zuckeln über das Land. Tonnenweise Le-bensmittel und andere Versorgungsgüter müssen quer über die Insel transportiert werden, üblicherweise mit LKWs. Immer noch wird viel zu viel Plastik eingesetzt, in den Supermärkten sind, au-ßer bei Alkoholika, kaum Glasflaschen zu finden.

Auch die Getränkedosen, die bei uns in Deutschland schon seit Jahren auf dem Rückzug sind, werden hier nach wie vor in riesiger Anzahl verkauft. Bisher war es ein Leichtes für uns, einfach den Gegebenheiten zu folgen und uns nicht aktiv mit dem Umwelt-schutz zu beschäftigen, eigentlich fahrlässig.

Einige Tage später fällt mir durch Zufall eine Schlagzeile der spanischen örtlichen Zeitung auf, die über ein neues Abfallgesetz des Inselrates berichtet. Sensibilisiert durch das Gespräch mit meiner Tochter, kaufe ich das Exemplar und kämpfe mich tapfer durch die spanischen Erläuterungen.

Der Inselrat an sich ist ja schon eine spezielle Art der Lokalregierung auf den Balearen: Er soll die Eigenständigkeit der Inseln und deren besondere Interessen wahren und vertreten. In seine Kompetenz fallen vor allem der Bausektor, die Abfallentsorgung und die Verwaltung des spanischen TÜVs. Also schaue ich doch mal, was er sich heute Schlaues ausgedacht hat.

Mit großer Freude lese ich Folgendes: »Der Gesetzesentwurf zum neuen Abfallgesetz sieht vor, dass ab dem Jahr 2020 unter anderem folgende Produkte verboten sein sollen: Kaffeekapseln aus »nicht recyclebaren Rohstoffen«, Feuchttücher, Wattestäbchen, Feuerzeuge, Rasierklingen und Einweg – Druckerpatronen.« Ich bin überrascht. Das klingt ja tatsächlich nach zeitnahen gravierenden Veränderungen! Wenn der Inselrat in der Umsetzung bei diesem Thema ebenso konsequent ist, wie im Abriss illegaler Fincas, kann man durchaus mit einem optimistischen Blick in die Zukunft schauen.

Im Laufe der nächsten Monate schickt die, mittlerweile in ihrem Amt bestätigte, Linksregierung noch weitere wichtige Gesetze zum Klimaschutz auf den Weg. Ein neues Abfallgesetz zur Trennung und Abholung von organischem Abfall. Die Einführung eines Pfandflaschensystems wird nun endgültig genehmigt und die Einfuhr von externem Müll zu Verbrennungszwecken ist ab sofort verboten. Des Weiteren werden einige geplante Ausbaustrecken des Autobahnnetzes wieder gekippt, um den Weg für eine Ausweitung des Schienenverkehrs auf der Insel freizumachen. In diesem Punkt ist Deutschland tatsächlich in eine Vorbildfunktion gerückt, da mit dem Gedanken gespielt wird, die neuen Züge und Waggons mittels Wasserstoffes anzutreiben. Auch den Dieselfahrzeugen soll es an den Kragen gehen: Ab 2025 wird die Zufahrt auf die Insel für sämtliche Dieselfahrzeuge verboten, denn in Zukunft sollen sich auch auf Mallorca Elektrofahrzeuge etablieren.

Ja, es scheint ein Ruck durch den Klimaschutz zu gehen und das Thema ist auch massiv auf Mallorca angekommen. Sicherlich wird es noch lange Zeit dauern, bis die Pläne umgesetzt sind und ob die Ideen sich im Nachhinein alle als sinnvoll erweisen und helfen, das Klima auf unserer Erde wieder zu verbessen, wird sich erst in den kommenden Jahrzehnten oder gar Jahrhunderten herausstellen können. Trotzdem erfüllt es mich mit Zuversicht, all diese Dinge zu lesen, denn auch, wenn auf der Insel oft noch Zustände herrschen wie vor dreißig Jahren, sind die Mallorquiner in der Umsetzung der erst einmal beschlossenen Gesetze erstaunlich schnell. Natürlich gibt es bei jeder Idee Bedenken, Zweifel und Gegenargumente, doch lasst sie alle einfach für einen Moment in der Tasche stecken.

»Soluciones! – Lösungen!« Ein einfacher Aufruf, der Mut macht. Lasst uns aus unserer Lethargie und der Mentalität des Verweilens herauskrabbeln und gemeinsam mithelfen, unsere Erde wieder ein bisschen gesünder zu machen – allen zuliebe, die gemeinsam hier leben.

14. Februar 2018

- »Lets talk about ...« -

... Sex. Natürlich. Nur zur Erinnerung: Ich arbeite auf einer Männer-Baustelle. Testosterongeschwängerte Luft, derbe Witze, viel Bier und freitags Gin Tonic mit Taccos zum Wochenende.

Tja, da ist man recht schnell beim wesentlichen Thema, an dieser Stelle gibt es auch keine Sprachbarrieren. Jedoch erstaunlicherweise die einstimmige Erkenntnis, dass Frauen und Männer eventuell nicht immer so gut zusammenpassen ...?

Ich krieche mal wieder auf allen Vieren den Fußboden entlang und inhaliere den Baustaub, der nach wie vor in allen erdenklichen Farbvarianten darauf wartet, eingesammelt zu werden. Was mache ich nur, wenn wir die Baustelle beendet haben? Habe ich ohne Staubfegen noch eine Daseinsberechtigung? Seufzend richte ich mich auf und lande mit der Nase direkt im schwarz behaarten Maurerdekolleté, das sich vor mir auf der Leiter hin und her schwingt. Ganz ehrlich, das sind Einblicke, die keiner sehen möchte.

Ich muss allerdings zugeben, dass auch hier der Variantenreichtum breit gefächert ist. Und nicht alle Spanier sind von Natur aus rassig, nein. Die

Jogginghose hängt auf halb acht, der breite Rand der Unterhose drückt den gut gepflegten Bierbauch nach oben, so dass er in kleinen Kaskaden über den Hosenbund schwappt. Bei jeder Erschütterung schwingt das Gesamtkunstwerk in wellenartigen Bewegungen vor und zurück, ein Naturschauspiel der etwas anderen Art. Mein Blick wandert zum laut singenden Kompagnon in der Küche, der mit der Figur eines Grashüpfers ausgestattet ist und bei dessen Anblick man wiederum froh ist, dass er Klamotten am Leib trägt, sonst würde man ihn glatt übersehen. Dafür ist das Dekolleté knochig und unbehaart.

Wir feiern. Laut und fröhlich, und zwar den positiven Ausgang eines Vaterschaftstests. Dass ich mich über so etwas mal freuen würde, hätte ich im Traum nicht gedacht. Der Papa ist überglücklich und lässt seinen Gefühlen ungehemmt freien Lauf. Euphorische Jubelschreie wechseln sich ab mit Heulkrämpfen, die ihn nur so schütteln und ständig finde ich mich in einer festen Umarmung wieder – mir ist von diesem Wechselbad der Gefühle ganz schwindelig. Aber ja, ich kann ihn verstehen.

Und damit ist die Diskussion auch schon eröffnet. Alle, wirklich ALLE der spanischen Chicos, die wir im Laufe unserer Baustelle kennengelernt haben, sind geschieden oder getrennt und alle haben Kinder. Diese, für meinen Mann und mich etwas erschütternde Tatsache, führte sogar so weit, dass wir einen Freund unseres Arbeiters, der zufällig vorbeikam, unumwunden fragten:

»Bist du geschieden?«

»Si«.

»Hast du Kinder?«

Si.«

»Danke für deinen Beitrag.«

Ich fürchte, der arme Kerl hat kein gutes Bild von uns.

Aber wie kommt es zu den häufigen Trennungen? Die Gründe sind vielfältig und doch nicht überraschend. Die Geschichten sind denen, die wir aus Deutschland kennen, absolut ähnlich, die Konsequenzen werden hier jedoch wesentlich schneller und radikaler gezogen. Was nicht heißt, dass die Beteiligten weniger leiden.

Der überglückliche Papa hatte den Traum einer kleinen Familie, die er durch seine eigene harte Arbeit ernähren wollte. Ein Haus, zwei süße Kinder, die Frau kümmert sich um das Zuhause, sie muss nicht arbeiten gehen. Doch ihr Ehemann war so gut wie nie bei ihr und den Kindern .... Was kommt? Sie lernt einen anderen kennen. Ihr Mann beendet die Ehe und leidet furchtbar. Trotzdem gibt es für ihn keinen Weg zurück, aber die Gewissheit, dass der kleine Sohn sein eigener ist, ist nun sein wichtigstes Fundament, auf das er sein Leben bauen wird.

So und ähnlich lauten die Berichte, die wir zu hören bekommen und was ist letztendlich die einzige Ursache, wenn wir alles andere ausblenden? Richtig. Sex.

Für die einen zu wenig, für die anderen zu viel, mit der falschen Person oder zu mehrerem ... Ich denke, ich muss das an dieser Stelle nicht weiter ausführen. Sind Frauen und Männer tatsächlich füreinander geschaffen? Weshalb ist gerade dieses Thema so häufig der größte Streitpunkt? Ist Monogamie nur ein Mythos? Bleiben die Menschen nur wegen ihrer Kinder zusammen? Wer ist dabei glücklich? Gibt es richtig und falsch?

Nein, das denke ich nicht, es gibt nur Entscheidungen jedes einzelnen von uns und wenn man Glück hat, entscheiden sich die Beteiligten für die gleichen Dinge. Mein Mann und ich sitzen inmitten der lebhaft diskutierenden Spanier und uns schwirrt der Kopf. Mit unseren mittlerweile mehr als zwanzig Beziehungsjahren kommen wir uns ein bisschen vor, als wären wir Außerirdische, dieser Umstand scheint hier ja ziemlich abgefahren zu sein. Wieder einmal sind wir mittendrin im Schauspiel des Lebens, es zu meistern, ist nach wie vor die größte Herausforderung für uns alle.

In diesem Sinne: »Happy Valentine« – da haben wir uns doch wieder lieb ... oder?

Zur Feier des Tages entlasse ich alle heute in ihre eigene Fantasie ... hasta pronto!

19. Februar 2019

- Verstehst du mich? -

Auf Deutsch heißt das: »Bitte nicht auf den Boden pieseln«, lache ich los und verschlucke mich fast an meinem Kaffee.

»Como? – Wie?«, fragt unser spanischer Arbeiter etwas ratlos und schaut von seiner Schreibarbeit zu unseren Füßen zu uns herauf.

Mein Mann erklärt ihm meine Aussage recht anschaulich per Zeichensprache, was unseren Chico umgehend zu heftigen Wisch- und Putzarbeiten auf den frisch verlegten Bodenfliesen animiert. Als unverfängliche Alternative steht dann am Ende »Dangerus« in fast perfektem Englisch darauf.

Tja, Kommunikation ist schon ein komplexes Thema und bringt uns immer wieder an unsere Grenzen. Trotz mehr oder weniger fleißigen Lernens und täglicher Praxiseinheiten gibt es immer noch so viele Themenbereiche, bei welchen wir gar nicht oder nur bruchstückhaft den spanischen Unterhaltungen folgen können.

Immerhin sind wir in Baumärkten, beim Automechaniker und beim Einkaufen schon ziemlich weit vorne. Die Kinder haben uns in ihrem

Schul-Jargon meilenweit abgehängt und in Katalanisch verstehen wir alle weiterhin meistens nur Bahnhof.

Umso mehr hat es mich mal wieder überrascht, dass wir durchaus nicht nur in diversen Fremdsprachen am gegenseitigen Verständnis scheitern, sondern ganz banal auch so häufig, wenn wir uns in unserer (vermeintlich) gemeinsamen Sprache unterhalten.

Da scheint manchmal ein ganzes Sonnensystem nicht auszureichen, um die Weite zu beschreiben, mit der man kommunikativ auseinanderdriftet.

Mein Mann und ich haben mittlerweile beschlossen, unsere endlosen Diskussionen über bestimmte Themen in Zukunft einfach sein zu lassen und uns in großzügiger Toleranz dem anderen gegenüber zu üben. Ob uns das gelingt? Bis zum nächsten Mal wahrscheinlich ...

Ich merke zu meinem eigenen Erstaunen, dass ich inzwischen nicht mehr danach strebe, mich allen verständlich zu machen, im Gegenteil. Ich empfinde es als angenehmen Rückzugsort, dass ich auch Themen mit mir herumtrage, die eben nicht alle etwas angehen, sondern die nur mir gehören. Und es ist tatsächlich überhaupt nicht wichtig, wenn sich für gewisse Dinge niemand anderes begeistert oder mich an dieser Stelle nicht versteht und ich sie deshalb nur mit mir selbst teile.

Falls sich allerdings doch jemand aus Versehen dafür interessieren sollte, ist er natürlich herzlich eingeladen, mir zu folgen.

Ich hatte diese herrlich befreiende Erkenntnis allerdings nicht ganz allein, sondern wurde durch eine schöne Geschichte darauf gestoßen, die ich euch nicht vorenthalten möchte.

Einer meiner Lieblingsautoren, der Argentinier Jorge Bucay, schrieb eine wunderschöne Geschichte über einen Mann, der sich sein eigenes Labyrinth erschuf:

Joroska, so hieß der Mann, liebte Denksportaufgaben, doch mit der Zeit haderte er mit der Tatsache, dass er nie alle lösen konnte, denn jemand anderer hatte diese Rätsel erdacht und nur dieser Mensch wusste die Lösung dazu.

Da ihn die leichten Rätsel schnell langweilten und die schweren frustrierten, beschloss er eines Tages, sich selbst sein ganz persönliches Rätsel zu erschaffen.

Nachdem er viele kleine Rätsel und Denksportaufgaben erdacht hatte, machte er sich an ein größeres Projekt: Er wollte ein Labyrinth bauen, so vielseitig und verwinkelt, dass es jeden Tag eine neue Herausforderung sein sollte.

Sofort machte er sich ans Werk und begann, sein eigenes Haus umzugestalten. Die Jahre vergingen und das Labyrinth entwickelte sich zu seiner Lebensaufgabe. Inzwischen war es dermaßen gewachsen, dass es selbst für Joroska unmöglich war, alle Wege des Parcours im Gedächtnis zu behalten.

Er war sehr stolz auf sein Werk und fing an, Freunde und Bekannte in sein Haus einzuladen, auf dass sie sein Labyrinth bewundern mögen. Doch da es sein eigenes, persönliches und ganz und gar auf Joroska zugeschnittenes Rätsel war, begannen die Leute, sich recht schnell darin zu langweilen, denn sie verstanden es nicht.

So wurde Joroska in seinem verwinkelten Haus immer einsamer, denn die Menschen mieden das Labyrinth. Eines Tages hatte er die Einsamkeit satt und er zog um in ein ganz normales Haus, in welchem er wieder ohne Probleme Gäste empfangen konnte.

Einige wenige Male hatte Joroska Glück und er lernte jemanden kennen, der ihm intelligent genug erschien, sein wahres Zuhause zu verstehen. So zeigte er sein Labyrinth nur noch denjenigen, die einer solchen Offenbarung würdig waren. Doch nie fand er einen Menschen, der bereit gewesen wäre, mit ihm dort zu leben. (Jorge Bucay, aus: »Komm, ich erzäh' dir eine Geschichte)

Fühlt man sich durch diese Schlussfolgerung nun einsam oder befreit? Gibt es Menschen, die uns wirklich helle genug erscheinen, dass sie unseres ganz persönlichen Labyrinthes würdig sind? Laufen wir nicht Gefahr, ordentlich hereinzufallen, wenn wir uns jemandem in dieser Art und Weise anvertrauen?

Das ist die Frage ... und wie immer ist es jedem selbst überlassen, darüber zu entscheiden.

Auf jeden Fall stimme ich an dieser Stelle mit dem unvergleichlichen Loriot überein: Es ist auch schön, »etwas ganz Eigenes« zu haben – und sei es im Notfall auch nur ein »Jodeldiplom«.«

24. Februar 2019

- Das Dilemma -

»Life changing places ...«

»Nicht das Fremde zieht uns an, sondern das Vertraute.«

Ich wusste nicht, dass Werbeslogans mich beeinflussen, doch diese beiden sind mir ins Gedächtnis gebrannt, sie klingen mir in den Ohren und sie sind einfach wahr.

Mein Wunsch war etwas vermessen. Es wird nicht sein wie zuvor. Falls ich nach Deutschland zurück gehe, wird sich vieles geändert haben.

Ich auch? Manche sagen: »Ja.« Ich weiß, dass es nicht so ist. Nicht das Wesen ändert sich, sondern das Verhalten. Wodurch auch immer.

Ich bin zuhause. Wie kann ich es je wieder verlassen?

»Todo es posible, Tina. – Alles ist möglich!«

Das sagte mir gestern unser spanischer Chico.

Und das ist mehr als eine Antwort.

25. Februar 2019

- Närrische Zeiten -

Neuer Tag, neue Woche.

Morgen ist Umzug ins Häuschen! Jippieh! Oder so ....

Naja, ich habe meine Erwartungen etwas zurückgeschraubt, so ganz ist unser Plan doch nicht aufgegangen. Jeder von uns hat ein eigenes Bett. Jippieh! Wir haben Strom und kaltes Wasser und einen Kühlschrank. Ach ja, und ein Plumpsklo im Garten.

Das muss fürs erste reichen, alles andere wäre Luxus.

Morgen Vormittag wird gepackt, damit sind wir schnell fertig – wie immer reisen wir (fast) nur mit Handgepäck. Leider haben uns unsere spanischen Chicos heute versetzt, wir hoffen, dass sie wenigstens am Nachmittag noch auftauchen. Das weiß man hier nie so genau, weshalb unsere Pläne nach wie vor nur dazu da sind, damit wir sie schwungvoll über den Haufen werfen.

Die Kinder haben diese Woche nur drei Tage Schule, dann ist Fasching. Ich bin überrascht, aber tatsächlich ist die Fasnacht hier auch nicht unbekannt. Die Kinder der Grundschule verkleiden sich dieses Jahr im Ru-

del und basteln in der Schule gemeinsam ihre Kostüme. Das Thema ist
»Insekten«. Da kann man was draus machen.

Als mir vergangene Woche schon die ersten Marienkäfer aus den unte-
ren Klassen entgegenkamen, war ich allerdings etwas besorgt, wie ich
meinem zehnjährigen Sohn dieses Thema wohl nahebringen kann. Ich
hoffte ja auf »Ameise« oder »Spinne« oder eine sonstige coole Idee, mit
welcher man die 5. Klasse begeistern kann. Es wurde die Biene. Ich habe
mich an dieser Stelle dann wohlweislich zurückgehalten und es seiner
Lehrerin überlassen, ihm die frohe Kunde zu überbringen. Der kleine
Tobsuchtsanfall blieb aber erstaunlicherweise aus – die Gruppendyna-
mik macht hier wohl auch einiges wett. So wird er dann in einem kleinen
Bienenschwarm und umgeben von Schmetterlingen und Marienkäfern
seinen ersten spanischen Fasching verbringen ... Das ist garantiert ein
unvergessliches Erlebnis.

Auch die Touristen schwärmen bei den milden Temperaturen in Scharen
auf die Insel und ich wundere mich mal wieder, wie schnell die Restau-
rants und die Promenade prall gefüllt sind, alle krabbeln aus ihren Lö-
chern. Auch wir haben Besuch aus Deutschland und freuen uns über die
kleine Abwechslung in unserem Baustellen-Alltag. Das tut der Stim-
mung zwischendurch ganz gut.

Ende März ist nun unser neu gestecktes Ziel, die Arbeiten weitestgehend
abgeschlossen zu haben und danach nur noch mit Dekoration beschäf-
tigt zu sein. Mal sehen.

Die anstehende große Entscheidung, wie es mit uns weiter geht, schieben wir erfolgreich vor uns her. Zurück nach Deutschland oder nicht? Mal sehen.

Die gewissen Ungewissheiten gehören hier einfach mit zum Alltag und bescheren uns täglich auf Neue unsere eigenen »Närrischen Zeiten«.

Helau.

25. März 2019

- Proyectos -

» ... dos, tres!«, rufe ich laut und lande eine Sekunde später, unseren spanischen Chico an der Hand, mit einem sensationellen Doppel-Platscher in unserem zwölf Grad warmen Swimmingpool.

Zum Glück habe ich alle meine Klamotten und die inzwischen völlig aus dem Leim gegangenen Baustellen-Turnschuhe anbehalten, so empfinde ich das Wasser in der Tat als ganz angenehm temperiert.

Allerdings sehe ich bei meinem »Bondgirlmäßigen« Entsteigen aus dem kühlen Nass so aus, als hätte man mich spontan vakuumiert und ich bin heilfroh, dass mein »Wet T-Shirt« heute nicht weiß, sondern dunkelblau ist. »Un poco loco« – ein bisschen verrückt. Treffender kann man die vergangenen Wochen wohl nicht beschreiben.

Untergetaucht? Ja, ein bisschen – wir waren extrem mit uns selbst beschäftigt.

Abgetaucht? Vielleicht manchmal, es gibt Tage, da machen wir uns die Entfernung zu Deutschland zunutze.

Der Umzug in die Baustelle. Die ersten Tage waren wirklich eine Herausforderung. Nichts ist da, wo es hingehört – wobei ehrlich gesagt niemand weiß, wo die Sachen eigentlich sein sollen. Die WCs nicht funktionsfähig, ebenso wenig wie die Küche und die Duschen. Nach drei Tagen Wiesen-Gängen liegen die Nerven bei allen Beteiligten blank, mein Abendessen besteht aus einer Tafel Nussschokolade und Apfelschnitzen.

Dann endlich: Es geht vorwärts! Die letzte Duschtasse frisch und wunderschön mit mallorquinischen Kieselsteinen ausgelegt und verfugt, die WCs installiert, die Kücheninsel montiert ...

»MAMA!« Oh weh. »Da läuft Wasser aus dem Kühlschrank! Die ganze Küche ist nass!«

Na super. Das wollte ich nun wirklich nicht hören. Schnell stellt sich heraus: Nicht der Kühlschrank ist der Grund der Überschwemmung, sondern das nicht angeschlossene Abflussrohr des Geschirrspülers, welches ich großzügig übersehen habe und in meiner grenzenlosen Euphorie das Gerät gestartet hatte. Zum Dank krabbele ich nun mal wieder auf allen Vieren über den Fußboden und sammle neben etlichen Litern Wasser auch die ausgeschwemmten Essensreste ein. Lecker.

»MAMA!!« Echt jetzt? »Das Wasser im Klo läuft gar nicht ab! Das steht bis unter den Rand!«

Jetzt wäre ein guter Zeitpunkt gewesen, um die Flucht zu ergreifen. Doch tapfer stelle ich mich dem Unheil, das mir da aus der eben noch wunderschön frisch verlegten Duschtasse entgegensprudelt. Mein Mann steht bereits bis zu den Knöcheln und mit dem unvermeidlichen Stempel bewaffnet in der braunen Abwasserbrühe aus der Toilette und pumpt, was das Zeug hält – leider vergebens. Hochgradig frustriert versuchen wir in den folgenden Stunden, die Schweinerei mittels hochprofessioneller Industrieprodukte und herkömmlicher Hausmittelchen zu beseitigen.

Drei Tage später geben wir entnervt auf und rufen schlussendlich doch noch die Absaugprofis mit ihrem großen Pumpwagen zu Hilfe. Nur fünf Minuten später ist der Mega-Stau mitsamt einer großzügigen Geldspende unsererseits aus dem Abwasserrohr hinausgespült.

Tjaja, unsere Projekte. Viele hatten wir, als wir kamen, nicht viel weniger sind es inzwischen geworden. Was wir auch anfangen, am Ende beginnen wir gefühlt wieder von vorne, manchmal ist es schwer, den realen Fortschritt noch wahrzunehmen. Und wieder einmal sortieren wir unsere Pläne rigoros aus, um uns nicht selbst zu überfordern ... Dass unser Hausprojekt am Ende dermaßen viel Arbeit sein würde, hatten wir nicht geahnt.

Ich stehe tropfend am Poolrand und sehe in die lieb gewonnenen Gesichter, die mir fröhlich entgegengrinsen und zuprosten. Wir feiern wieder einmal zusammen, doch diesmal nehmen wir Abschied. Unsere Freunde fliegen zurück nach Deutschland, nach fünf Tagen auf unserer Baustelle sind sie wahrscheinlich ziemlich erleichtert, in die Zivilisation zurückzukehren. Einer unserer spanischen Chicos verschwindet auf unbestimmte Zeit zum Arbeiten in die Schweiz, der andere beginnt, zwei Wochen früher als gedacht, seinen Job als Koch im Hotel.

So sind die Strukturen, die gestern noch galten und auf die wir uns in unserer deutschen Mentalität fest verlassen haben, heute schon wieder hinfällig. Auch in dieser Hinsicht bleibt nichts an seinem Platz und das einzige was uns wirklich dauerhaft bleibt, sind unsere Erinnerungen. An gute Zeiten, an unvergessliche Momente.Es werden immer Projekte unvollendet bleiben, es werden uns Menschen verlassen. Worte bleiben ungesagt und Arbeiten werden nicht erledigt. So ist es nun mal, wir können es nicht verhindern. Aber hören wir deshalb auf, unsere Ideen zu verwirklichen, unseren Träumen zu folgen? Nein, denn wir brauchen unsere Aufgaben, unsere Perspektiven, wir möchten so gerne Werte erschaffen – für uns und für diejenigen, die uns nachfolgen.

Darum nutze ich ab und zu die Gelegenheit, ins kalte Wasser zu springen. Ein bisschen verrückt, ja, warum nicht. Worauf wollen wir warten?

Am Abend vor dem Schlafengehen laufe ich noch meine tägliche Runde ums Haus, um alles Essbare vor den Ratten zu verstecken. Mein Blick bleibt an meinen nassen Turnschuhen hängen, die auf den Treppenstufen trocknen und ein breites Lächeln wandert zu meinen Mundwinkeln hinauf, als mir die Symbolkraft dahinter klar wird:

Meine Baustellenschuhe sind endlich nicht mehr staubig.

Zum halben Preis

Es tragen sich immer wieder überraschende Dinge zu, über die wir uns regelmäßig wundern, den Kopf schütteln, überrascht auflachen oder uns an die Stirn tippen.

Oft habe ich mich dabei ertappt, dass ich die ganz alltäglichen Situationen, die uns auf der Insel widerfahren, gedanklich als Paket verschnüre, nach Deutschland verfrachte und dort stattfinden lasse. Die Reaktionen wären sicherlich höchst interessant zu beobachten ...

»Materialbeschaffung« ist in diesen Tagen ein zugegebenermaßen nicht ganz einfaches Thema. Da wir unser leicht angeschlagenes Auto nicht unnötig belasten wollen, sind wir inzwischen dazu übergegangen, Kleinmaterialien mit dem Fahrrad zu transportieren oder uns, wann immer es geht, den geräumigen Familienvan unseres Chicos auszuleihen.

Doch zu häufig können wir die Geduld seiner Frau nicht strapazieren, sonst bekommt der Arme unnötig Ärger zu Hause. Heute hat es zum Glück wieder einmal funktioniert und wir kaufen beim örtlichen Baumarkt die Restbestände an weißer Farbe auf, 5 Eimer voll, diese Woche noch im Sonderangebot.

Während mein Mann bereits die ersten Eimer ins Auto trägt, bezahle ich beim Chef des Hauses am orangefarbenen Tresen. Ich verstaue gerade das Wechselgeld in meiner Tasche, als mein Mann erneut hereinkommt, um die restlichen Sachen abzuholen. Sein Gesichtsausdruck irritiert mich allerdings extrem.

Bevor ich mich erkundigen kann, beichtet er bereits zerknirscht: »Kommst du mal, draußen steht die Polizei.«

»Wegen uns?«, frage ich geistreich zurück, bei jemand anderem wäre es ihm wahrscheinlich ziemlich egal. »Na, Glückwunsch!«, brumme ich und trotte hinter ihm her, die lange Rampe hinauf zum Bürgersteig. Und schon aus dieser Entfernung erkenne ich die verzwickte Lage: Unser Auto, das im heutigen Fall ja leider nicht unser Auto ist, steht mit geöffnetem Kofferraum entgegen der Einbahnstraße mitten auf dem Zebrastreifen. Nun ja, das ist eventuell nicht ganz vorschriftsmäßig, doch immerhin kann man gut erkennen, dass es zum Beladen dort steht.

Was die Szene etwas bizarr macht, sind die beiden wichtig aussehenden, schweren Motorräder der »Policia local«, die das Auto von beiden Seiten eingeparkt haben, damit wir keinen Fluchtversuch unternehmen. Die beiden dazugehörigen Polizisten sehen in ihren Uniformen zwar immer noch schick aus, schauen allerdings nicht so freundlich drein, wie morgens an der Schule. Ich wappne mich innerlich und nehme Schwung für eine kleine

Charmeoffensive. »Bon dia!«, begrüße ich die beiden auf Katalanisch, vielleicht hilft es.

Leider nicht. Sie mustern uns nach wie vor sehr streng und verlangen die Papiere, Führerschein und Fahrzeugschein. Jetzt wird es lustig. Alibimäßig öffne ich das Handschuhfach, obwohl ich schon ahne, dass ich dort nicht viel finden werde, erst recht nicht unsere Führerscheine. Auch von Fahrzeugpapieren ist weit und breit nichts zu sehen und so tauche ich nach kurzer Suche mit leeren Händen wieder aus der Versenkung auf.

Jetzt muss ich unweigerlich mal wieder auf meine Spanischkenntnisse zurückgreifen und versuche Folgendes: »Tut mir leid, ich habe nichts hier, wir wollten nur kurz ein bisschen Farbe einkaufen.« Die Polizisten schauen immer noch streng. »Das Auto gehört einem Freund, das ist nicht unseres.« Einer der Polizisten zieht fragend die Augenbraue hoch. »Ich kann ihn kurz anrufen, wollen Sie mit ihm sprechen?« Nun sehen die beiden mich an, als wäre ich zu lange in der Sonne gewesen. Und weil es sowieso schon egal ist, frage ich noch hinterher: »Wir wohnen nicht weit weg, wir könnten auch zusammen hinfahren?« Das hört sich wirklich etwas schräg an, ich hintendrauf auf dem Motorrad, oder wie?

Bevor ich wieder zu Wort komme, beendet einer der Polizisten meine Ausführungen: »Parken ist hier verboten!« Ja, das haben wir schon verstanden. »Wir wollten nur kurz die Farbe einpacken«, beginne ich von vorne, doch ich habe kein Glück.

»Das ist eine Einbahnstraße und das ist ein Zebrastreifen«, erklärt mir der uniformierte Mensch noch einmal, als wäre ich schwer von Begriff. Er zückt unbarmherzig seinen Strafzettelblock und beginnt zu schreiben, sein Kollege macht mittlerweile einige Fotos von unserem Verkehrsdelikt. Wie begossene Pudel stehen wir an der Straße und nehmen unsere Strafe in Empfang. »Das kostet 200 Euro.« Auf diesen Hinweis des Polizisten vor mir bleibt mir kurz die Luft weg. Das waren dann in Summe ganz schön teure Farbeimer, nichts mit Sonderangebot, denke ich frustriert. »Bezahlen Sie am besten gleich bei der Bank nebenan. In den ersten vier Wochen kostet es nur die Hälfte.«

»Como? – Wie?« Verständnislos schaue ich auf den Spanier in Uniform, denn jetzt hat er mich tatsächlich gedanklich abgehängt.

Nun muss er doch ein bisschen lächeln und klärt mich auf: »Damit die Leute zügig bezahlen und das Geld schneller bei der Gemeinde ist, muss man in einem bestimmten Zeitraum, meistens sind es vier Wochen, nur die Hälfte des Bußgeldes entrichten. Also, am besten gehen Sie sofort zur Bank und zahlen die 100 Euro.« Mit diesen Worten übergibt er mir schwungvoll den Beleg, zieht seinen Motorradhelm über den Kopf und verlässt mit lautem Motorgeheul und seinem Kompagnon im Schlepptau den Ort des Geschehens.

Ich laufe, wie mir geheißen wurde, zur nächsten Bankfiliale und bezahle artig unsere »Multa«. Heute im Sonderangebot.

11. April 2019

- Entspannung -

»Hallo, ich bin Nicolas.« Erleichtert schüttele ich die Hand, die mir mein Retter in der Not entgegenstreckt und lächle etwas verkrampft. Immerhin bin ich inzwischen von der Straße herunter geschoben worden und blockiere jetzt nur noch die Zufahrt zum »Eroski«-Parkplatz ...

Einkaufszentren haben offensichtlich einen schlechten Einfluss auf unseren Silberflitzer. Leider flitzt unser Cabrio schon lange nicht mehr so richtig rund und heute hat es uns zum dritten Mal erwischt – mit mir am Steuer und mitten in der Altstadt. Bei Feierabendverkehr. Und das auch noch im hier üblichen Einbahnstraßen-Netz. Genau mein Ding.

Doch trotz meiner – von außen betrachtet – misslichen Lage, bin ich selbst am meisten überrascht, dass ich tatsächlich ziemlich gelassen bleibe. Beim 90-Grad-Rechtsabbiegen kracht es vertraut und das Auto lässt sich nicht mehr manövrieren, das kenne ich ja schon.

Na gut, ich fluche kurz und kräftig, auf Deutsch und auch auf Spanisch, nützt aber nix. Mit einem kurzen Blick in den Rückspiegel, in welchem sich die Autoschlange hinter mir schon bis zum Horizont erstreckt, prüfe ich kurz die Aussichten und steige dann möglichst elegant aus.

Ich mache für alle mir nachfolgenden Fahrzeuge eine international un-missverständliche Handbewegung quer über meinen Hals und rufe dem Herrn hinter mir zu: »Lo siento! El coche está roto! – Es tut mir leid! Das Auto ist kaputt!« Nichts geht mehr. Es dauert eine Weile, bis die Bot-schaft ankommt, doch dann setzen sich Autos, Busse und Lieferwagen in Bewegung, rückwärts.

Ich stehe etwas verloren, aber innerlich immer noch unaufgeregt, neben meinem Schrottauto und warte auf den legendären Ritter, der im Nor-malfall an dieser Stelle vorbei geritten kommt, um die Prinzessin helden-haft zu erlösen. Was soll ich sagen. Keine Minute später kommen gleich drei nette Menschen herbeigeeilt und bugsieren das silberne Gefährt in die bereits erwähnte Supermarkt-Einfahrt.

»Mama! Das ist mir jetzt echt oberpeinlich!«

»Tja, das tut mir extrem leid, darauf kann ich jetzt aber leider keine Rücksicht nehmen. Morgen wieder!«, weise ich meine Teenager-Tochter zurecht und nehme ihr ungeduldig ihr Handy aus der Hand.

Meines hat natürlich genau jetzt nicht mehr genügend Guthaben, so dass ich in der Hiphop-Tanzstunde aufkreuzen musste, um telefonisch mit meinem Mann in Kontakt zu treten und ihm die Lage zu erörtern. Seine Begeisterung hält sich überraschenderweise in Grenzen.

Am Ende fügt sich zum Glück dann doch alles zusammen und der Tag geht versöhnlich zu Ende: Unsere spanischen Baustellen - Chicos kom-

men mit ihrem Familienauto angebraust, um uns aus der Stadt abzuholen. Mit geballter Manneskraft schieben sie unser Cabrio vorbildlich in eine Parkbucht, so dass es dort einige Tage ausharren kann.

Anschließend fahren sie mein Tanzmäuschen und mich wohlbehalten zurück in unser Zuhause. Besonders verblüfft waren sie nicht über die Aktion – so was passiert halt. Die Frage ist, wie man es verarbeitet...

»Tu tranquilo« – »Entspann dich« ist die Standardbegrüßung unserer spanischen Freunde und Chicos für uns »nervöse Deutsche«. Es ist wirklich süß zu sehen, wie erstaunt sie sind, wenn wir uns über Dinge aufregen, die nun mal nicht zu ändern sind. Sie verstehen es tatsächlich nicht, wie man sich mit so etwas belasten kann:

Die Fliesen sind locker!
Ja. Gut erkannt, machen wir sie fest.

Dein Auto hält alle anderen auf!
Ja. Dann warten sie eben ein bisschen.

Wir sind schon 10 Minuten zu spät!
Ja. Bitte nicht pünktlich kommen, das ist nur ein Richtwert.

Wasser läuft aus!!!
Ja. Dann wischen wir es auf.

Der Wäscheständer versinkt samt Wäsche im Pool!
Ja. So ein Mist.

Ich erwische mich immer wieder dabei, dass ich mich nach wie vor über Nebensächlichkeiten aufrege. Über Dinge, die nicht funktionieren, über Bemerkungen, die mich ärgern – schwupp! bin ich von »Null auf Hundert«, ohne dass ich darauf einen Einfluss hätte. Doch inzwischen halte ich ziemlich oft inne und bremse mich selbst. Hinterfrage meine Aufregung. Und schaue ihr echt häufig dabei zu, wie sie sich in Luft auflöst.

Ein gutes Gefühl.

Nein, wir können alle nicht aus unserer Haut und wir sind natürlich von der Gesellschaft geprägt, in der wir leben. Aber ab und zu tut uns der berühmte »Blick über den Tellerrand« gewiss ganz gut, um unseren Standpunkt mal wieder zu justieren – in welche Richtung auch immer.

29. April 2019

- Zerrissen -

Es ist dunkel, der Sturm peitscht durch das alte Gemäuer. Die Fackeln flackern wild in zornigen Windböen, tief werden die dunklen schweren Wolken über das nicht vorhandene Dach der Kirche vorangetrieben.

Es regnet nicht – noch nicht, doch der fahle Vollmond zieht bereits Wasser, nur durch hellgrauen Dunst ist er schemenhaft am Himmel zu erkennen.

Die Soldaten formieren sich rasch, es gibt kein Entrinnen mehr. Mit ihren goldenen Rüstungen und den scharfen Lanzen erbauen sie ein trutziges Bollwerk, dem sich niemand entgegenstellen mag. Die brachiale Musik von Beethovens Sinfonie dröhnt über mich hinweg und verleiht der Szenerie Endzeitstimmung. Ich stehe inmitten der Menschenmenge, unfähig, mich zu bewegen, Zuschauerin. So wie die Menschen damals haben auch wir uns heute versammelt. Und sehen nur zu, tatenlos. Die Gänsehaut reicht von meinen Fußzehen bis hinauf zu meinen Haarspitzen, ich bin hypnotisiert. So stehe ich bereits seit vielen Minuten, meine Augen lassen ihn nicht los. Er hängt dort vorne, zur Schau gestellt. Am Ende ergab er sich seinem Schicksal. Es ist Karfreitag.

Im Halbschatten der großen Büsche im Hintergrund entdecke ich bereits die Konturen seiner Begleiter, bekleidet mit langen spitzen Hüten und bodenlangen Gewändern in dunklen Farben. Die Gesichter sind vermummt, nur schmale Schlitze lassen den notwendigen Raum zum Sehen frei – die Prozession sammelt sich.

Zwei hohe Leitern werden am Kreuz aufgestellt. Die kräftigen Hammerschläge hallen laut durch die Nacht, vorsichtig werden die unmenschlich langen Nägel aus Händen und Beinen gelöst.

Mit Hilfe eines weißen Leintuchs nehmen sie seinen Körper in Empfang und betten ihn schweigend in den gläsernen Sarg.

Die Erde zittert, die Luft vibriert. Die Glockenschläge des Rathausturmes verkünden die Mitternachtsstunde, gespenstisch. Von Ferne sind dumpfe Trommelschläge zu hören, begleitet von den dunklen Tönen der Trompeten. Die Menschenmenge teilt sich für die heranrollenden, mit weißen Lilien und Palmblättern geschmückten Wagen. Die trauernde Mutter Maria, das leere Kreuz, das flammende Herz Jesu.

Der gläserne Sarg mit seinem Leichnam wird aus der Kirche getragen, bildet den Schluss der langen Kette. Die Altstadt ist voll, alle sind gekommen, ihm das letzte Geleit zu geben.

Ich laufe mit, neben dem Sarg. Schweigend und ehrfürchtig, im schweren Takt der Trommeln. Die Stimmung ist besonders, ich brauche einen Augenblick, bis mir der Unterschied klar wird. Dies ist keine Prozession aus einer Szene der österlichen Passionsspiele – dies ist tatsächlich ein Trauermarsch.

Ostersonntag. Der Osterstrauß ist geschmückt, kleine Geschenke liegen darunter, die Kinder waren bereits Eiersuchen. Die Szenerie, von außen betrachtet, wie gewohnt.

Doch der Sturm peitscht noch immer über uns hinweg und hat mein Innerstes vollumfänglich erfasst. Eine Entscheidung ist gefallen, ich begrabe meinen Traum. Es war nicht aufzuhalten, ohne Rücksicht auf die Feiertage, manches passiert ungeplant. Wir gehen zurück.

Es widerstrebt allem, was ich möchte, was ich mir vorstelle, mir wünsche, wovon ich träume. Ich handele mit jeder Faser meines Körpers und Geistes gegen meine Überzeugung – ich folge an dieser Stelle einzig und allein der Stimme der Vernunft.

Ja, ich bin vernünftig. Wie ich dieses Wort hasse. Wie eine überdimensionale Fliegenklatsche begräbt es mein Herz unter sich und macht sämtliche guten Gefühle zunichte.

Freude, Glück, Euphorie, Fröhlichkeit, Leichtigkeit ... Nichts davon bleibt. Ich trauere.

Und nein, es hilft mir nicht, dass wir »öfter her kommen«.

Meine Situation ist folgende: Es kommt jemand zu Dir und sagt: »Verlasse auf der Stelle Dein Zuhause, lass alles stehen und liegen, was du Dir bis hierher erarbeitet hast. Du hattest eine gute Zeit, das reicht jetzt. Du lebst ab jetzt woanders – aber kein Problem, Du darfst Dein Zuhause ab und zu mal besuchen.«

Ich werde aus dem Nest gekickt, wieder einmal. Ich schüttele mich und versuche, mich zu sortieren und bin wirklich nicht sicher, wie lange das gut geht. Doch die Alternativen sind indiskutabel, ich habe keine Wahl.

Nein, das stimmt nicht ganz, eine Wahl hat man immer – ich bin nicht mutig genug, den anderen Weg zu wählen. Ich sehe nur tatenlos zu und laufe in der Prozession mit, die mein Leben ist.

So bemühe ich am Ende doch noch eine Floskel: »Die Zeit heilt alle Wunden.« Ja. Aber die Narben bleiben.

Teil 3:

Mai bis August

02. Mai 2018

- El camino -

»So, und zur Belohnung gibt's das Essen erst morgen!«, motze ich die un- schuldige Theke in unserer neuen Küche an, die mir unglücklicherweise im Weg rumsteht. Ohne Rücksicht auf Verluste werfe ich alle unsere Einkäufe mit Schwung in die Mitte des Raumes und brauche erstmal Ruhe. Ja, zugegeben, die Stimmung war schon besser. Besonders meine.

Nach zehn Minuten Durchatmen trotte ich brav zurück und sortiere un- sere Errungenschaften sorgfältig in die Schränke, das ist ja inzwischen glücklicherweise möglich. Geschlagene eineinhalb Stunden waren mei- ne Tochter und ich auf unseren Fahrrädern unterwegs, um in sechs (!) verschiedenen Geschäften die notwendigen Utensilien für selbstgemach- te Sushi aufzutreiben. Bekommen haben wir am Ende alles Notwendige, doch um halb sieben Uhr abends hatte keiner von uns mehr Nerven für die Zubereitung.

Also gibt es Spaghetti »Aglio e Olio« und das japanische Traditionsge- richt wird auf Sonntag verschoben.

Ich esse Sushi besonders gerne wegen der Glückskekse. Am liebsten mag ich solche, in denen etwas Gutes drinsteht und ich nicht viel machen muss. Ich wollte eigentlich keine Floskeln und Sprüche nach unserer Entscheidung hören, jetzt sind sie erstaunlicherweise das, was mich in den letzten Tagen wieder nach vorne schauen ließ.

Der erste Keks lässt sofort wieder mein Gedankenkarussel kreisen und ist eher ein Schlag in den Magen: »Jeder ist seines Glückes Schmied.« Super, vielen Dank. Doch mein zweiter Keks stimmt mich etwas versöhnlicher: »Der Weg ist Teil der Reise. Genieße ihn.«

Das ist vielleicht wirklich ein Anfang. Nicht zu verwechseln mit dem ziemlich häufig gequälten Satz: »Der Weg ist das Ziel.«

Bei mir ist eindeutig das Ziel das Ziel. Und mein Ziel ist immerhin klar umrissen, nämlich eines Tages endgültig auf meine Lieblingsinsel überzusiedeln. Ich werde aber bis dahin offensichtlich noch einige Schleifen auf mich nehmen müssen. Doch welcher Weg ist schon ohne Kurve?

Ich bin auf der Suche. Nach neuen Perspektiven in meiner »alten Heimat«. Nicht einfach. Den meisten Erfolg habe ich bei der Zusammenstellung der Dinge, die ich nicht mehr tun möchte. Würde ich noch Listen schreiben, wäre diese hier ziemlich lang. Doch ohne Ideen zurückzukehren wäre fatal, einige schlummern tatsächlich schon in meinem Hinterkopf und warten auf Abruf. Gott sei Dank.

Auf Mallorca habe ich bereits die notwendigen Schritte für unsere Rückkehr nach Deutschland in die Wege geleitet, ich brauche eindeutige Zeichen. So bekommt meine leise Hoffnung hinsichtlich einer Planände-

rung in letzter Minute erst gar keine Gelegenheit, mich auf die falsche Fährte zu führen.

Das kommende Jahr wird individuell werden. Im gleichen Maße, wie wir hier auf der Insel unser Familienleben gemeinsam genossen haben, werden wir in Deutschland unweigerlich separiert werden, jeder von uns wird wieder seinen eigenen Alltag haben. Es fällt mir unglaublich schwer, mir das vorzustellen. Ich kann das Gefühl nicht abschütteln, etwas Gutes gegen etwas eindeutig Schlechteres einzutauschen – und wer würde das sehenden Auges schon gerne tun?

Nach den anstrengenden Tagen, an denen ich wirklich am Boden zerstört war, komme ich langsam wieder in die Gänge. Es ist ja tatsächlich auch meine Entscheidung, zurück zu gehen, egal, aus welchem Grund.

Also versuche ich, die Chancen zu nutzen ... Offensichtlich habe ich noch Dinge zu erledigen. Und meine Familie bleibt zusammen, das wird auch in Zukunft unsere Basis sein. Ganz vollständig werden wir allerdings doch nicht sein, denn einen großen Teil meines Herzens lasse ich hier zurück.

Der luftleere Raum

Was passiert, wenn man sein Ziel verliert? Wenn sich das, worauf man die ganze Zeit über hingearbeitet hat, plötzlich in Luft auflöst? Wie schnell ist man in der Lage, sich neu zu orientieren? Wann hat man die Kraft, sich neue Ziele zu suchen, seine ganze Aufmerksamkeit darauf zu lenken, ohne mit Gedanken noch bei dem verlorengegangenen festzuhängen?

Die Stimmung ist seltsam. Wir arbeiten kategorisch die letzten kleinen Baustellen ab, ohne große Freude. Die wunderbare Anfangseuphorie, die Aufbruchstimmung, der Zauber eines Neuanfangs ist verflogen, umso mehr, da inzwischen klar ist, dass wir wieder nach Deutschland zurückkehren.

Warum nimmt mich das so mit? Eigentlich war es doch ausgemacht, dass wir nach unserem Sabbatjahr zurückgehen würden? Ich ernte von einigen Seiten Unverständnis hinsichtlich meiner Traurigkeit, da viele unserer Bekannten die kleinen Zwischenschritte bis zu unserem Entschluss nicht kennen.

Bevor wir nach Mallorca kamen, ließen wir uns ein Hintertürchen offen: es lag durchaus im Bereich des Möglichen, ganz auf die Insel überzusiedeln. Wir hatten es hauptsächlich an der Stimmung der Kinder fest gemacht, wenn sie sich wohl fühlen würden und wir alle das Gefühl hätten, es wäre für uns gut, auf der Insel zu bleiben, würden wir sicher alles daransetzen, auszuwandern. Dieser Gedanke hatte sich fest in meinem Kopf eingegraben und er war mein eigentliches Ziel, worauf ich während unseres Aufenthaltes hinarbeitete. Ich fühle mich hier rundum wohl, was allerdings auch keine große Überraschung ist, das war mir schon vorher klar.

Ich hatte jedoch nicht damit gerechnet, dass mein Mann auf Mallorca so wenig Fuß fassen würde, diese Erkenntnis hat mich wirklich kalt erwischt. Für ihn fühlte sich das ganze Jahr an, wie ein langer Urlaub, was nicht verwunderlich ist, da er der einzige von uns vieren war, der nicht in den »normalen« Alltag hineinwuchs. Auf Dauer fehlte ihm die tägliche Begegnung mit seinen Kollegen, das gemeinsame Arbeiten im Team, die anspruchsvollen Aufgaben für den Kopf. Wir anderen hingegen machten weiter wie in Deutschland. Die Kinder gingen zur Schule, ich kümmerte mich um den Haushalt und die Familienversorgung. Wir hatten bedauerlicherweise nicht die Zeit, um uns nach alternativen Jobmöglichkeiten umzusehen, das geplante Baustellenende im Februar haben wir meilenweit verpasst, und so fielen alle weiteren Planungen aus. Sicherlich hätten wir auf Mallorca auch eine anspruchsvolle und adäquate Aufgabe gefunden, dann allerdings eher in Richtung Selbstständigkeit. Doch dazu wird es nun nicht kommen.

Inzwischen ist es Mai geworden und wir arbeiten immer noch am Haus, seit Wochen nur noch zu zweit. Uns fehlt unser spanischer Wirbelwind, der mit seiner Fröhlichkeit, seiner hilfsbereiten Art und den lockeren Sprüchen unser tägliches Arbeitspensum erleichterte. Der »kreative Schaffensprozess« ist zäh geworden, die anfallenden Aufgaben ähneln inzwischen eher Strafarbeiten. Es kommt mir vor, als würden wir beginnen, nur noch die Zeit abzusitzen bis Anfang August, wenn mein Mann in Deutschland wieder seine alte Arbeitsstelle antreten wird.

Was wird aus uns anderen? Wie soll es weitergehen? Werde ich mit zwei unglücklichen Kindern in unserem Haus sitzen und selbst eigentlich nicht dort sein wollen? Momentan fühle ich mich wie in einem Vakuum. Mein Kopf ist leer, es fällt mir schwer, neue Ideen zu finden, dabei brauchen wir so dringend aussichtsreiche Perspektiven. Wenn ich meine Familie in guten Händen weiß, wird es mir selbst um einiges leichter fallen, mich neu zu orientieren, mich zu sortieren.

So kann es nicht weitergehen, wir müssen dringend hinaus aus dieser Endlosschleife. Inzwischen schaffen wir es nicht mehr, unser Häuschen neutral zu betrachten und als Zuhause wahrzunehmen, in jeder Ecke sehen wir Dinge, die noch zu tun sind, wir bekommen unseren Baustellenblick nicht los. Als Sofortmaßnahme haben wir uns entschieden, Ende Juni, wenn die Kinder Schulferien bekommen, zehn Tage Urlaub zu machen. Und so schließt sich nun wieder ein kleiner Kreis, denn wir haben erneut eine Schiffsreise im Mittelmeer gebucht. So wie wir damals vor fast vier Jahren unser Mallorca-Zuhause entdeckten, werden wir nun das große Sabbatjahr-Abenteuer beenden.

Auch für unsere Kinder scheinen sich neue Wege aufzutun: unsere Tochter äußert schon seit geraumer Zeit den Wunsch, ein Internat zu besuchen und an einem Förderprogramm für Hochbegabte teilzunehmen. Da dieser Idee eigentlich nichts im Wege steht, habe ich Kontakt zu dem entsprechenden Gymnasium aufgenommen und wir haben tatsächlich einen Termin zur Begabtenprüfung bekommen.

Sollte das funktionieren, wird mein Kind überraschenderweise schon mit 13 Jahren aus unserem Haus ausziehen. Damit hätte ich nun nicht gerechnet.

Als unser Sohn mitbekommt, dass unsere Tochter wahrscheinlich die Schule wechseln wird, beginnt erstaunlicherweise ein kleiner Rumpelstilzchentanz. Er weigert sich vehement, in Deutschland in die vierte Klasse zurückgestuft zu werden und ich kann seinen Widerwillen verstehen. Da ich nicht mit zweierlei Maß messen möchte, nehme ich also auch Kontakt zu diversen weiterführenden Schulen in Deutschland auf, um ihn vielleicht in einer fünften Klasse unterbringen zu können. So hätten wir in der Schullaufbahn beider Kinder kein Jahr verloren, was natürlich ein Meilenstein wäre.

Na also, ein Anfang ist gemacht. Da ich nicht überblicken kann, wohin uns unsere weitere Reise führen wird, gebe ich das zermürbende Grübeln erst einmal auf und versuche, die Tage wieder zu genießen. Die Würfel sind gefallen, es wird schon alles seine Richtigkeit haben. Hoffentlich kann ich dieses erleichternde Gefühl der Gelassenheit noch ein bisschen behalten.

16. Mai 2019

- At least I got my friends –

Wir proben den Ernstfall. Literweise Wasser, kiloweise Nudeln, Kartoffeln, Reis und Mehl, Brot und Kuchen werden täglich am Häuschen angeliefert und irgendwo in diversen Ecken unseres weitläufigen Grundstücks gelagert. Na gut ... auch ein bisschen Bier, das gehört aber zu den Grundnahrungsmitteln.

Falls die Hungersnot ausbricht.

Oder eine Überschwemmung droht.

Oder wir Besuch bekommen.

Ja, wir proben den Ernstfall einer »Senioren-WG« auf Mallorca und ich muss sagen: Herrlich! Von mir aus könnten wir auf der Stelle damit anfangen, der Vorteil wäre, jetzt stehen wir alle noch mehr oder weniger im Saft. Wobei – die Wettrennen der Senioren-Scooter an der Strandpromenade sind bestimmt auch sehr erstrebenswert.

Wir leben zusammen, tagelang unter einem Dach. Jeder bringt sich ein mit seinen Stärken und jeder darf sein, wie er ist. So funktioniert der All-

tag reibungslos: Wäsche waschen, kochen, Geschirr einräumen. Kinder abholen, Ausflüge machen, Projekte angehen, chillen und grillen am Pool, Spaziergänge am Meer.

Wir diskutieren, wir lachen, wir schütten uns gegenseitig das Herz aus. Wir holen Leichen aus dem Keller und lassen sie lieber wieder verschwinden. Ich fühle mich zuhause – nein, ich fühle mich aufgehoben, behütet. Ganz egal, wo ich mich gerade aufhalte.

Wie eine warme, flauschige Decke umfängt mich eure Freundschaft, hier und auch in Deutschland.

Das ist unbezahlbar, mein Anker, wenn ich zurückkomme. Ich freue mich auf euch!

Lasst uns verrückt sein,
lasst uns Wände einreißen,
lasst uns zusammen lachen, trinken, feiern!
Lasst uns Gärten anlegen und Liegestühle bauen,
lasst uns gemeinsam kochen und in die Kirche gehen,
lasst uns barfuß auf der Straße tanzen,
lasst uns sinnvolle Dinge tun!

Lasst uns erzählen, diskutieren und schweigen,
lasst uns träumen und scheitern,
lasst uns weinen und den anderen stützen,
lasst uns zusammen sein.

Lasst uns die Zeit genießen,
bis ans Ende der Welt.

Schön, dass es euch gibt.

20. Mai 2019

- Kirmes -

Krampfhaft klammert sich mein Sohn am dick mit schwarzem Hart-gummi ummantelten Eisengriff fest und schaut recht sparsam aus der Wäsche. Man sieht ihm den inneren Konflikt überdeutlich an: die Faszi-nation der bunten Lichter und der Geschwindigkeit, die aus der Ferne betrachtet recht anziehend wirkt, verträgt sich nicht besonders gut mit seinem von Grund auf eher vorsichtigen Wesen.

Seine Schwester neben ihm hat sichtlich mehr Freude: Arme und Beine fliegen bei jeder Umdrehung durch die Luft. Mit ansteckendem Lachen versucht sie, ihre spanischen Freundinnen dazu zu animieren, es ihr gleich zu tun. Auch ihr Bruder bemüht sich redlich um etwas mehr Fahrspaß, seine Erleichterung kann er allerdings nicht verbergen, als das Gefährt endlich steht und sie wieder festen Boden unter den Füßen haben.

Wir sind auf der Kirmes, tatsächlich!

Nachdem ich bisher nur die konsumarmen Feste der Insel miterlebt habe, kommt an diesem Wochenende der Kommerz bei uns an. Der rie-sige Parkplatz mitten im Ort ist voll. Scooterbahn, »Fliegender Teppich«,

»Ufo«, Kinderkarussell, Zuckerwatte, Popcorn. Alles, was das Kirmes-Herz begehrt.

Wir nähern uns der Szenerie durch den Hintereingang und sehen auf der Bühne bereits die örtliche Flamencogruppe inmitten ihres mehrstündigen Auftrittes. Die wummernde Technomusik der vielen Fahrgeschäfte übertönt allerdings die dazugehörige Flamencomusik, so dass diese Mischung für den Zuschauer etwas bizarr aussieht. Ich bin verwirrt.

Doch als wir um die Ecke biegen, ist meine Welt schnell wieder in Ordnung. Linker Hand ist mein geliebter original und traditionell mallorquinischer Festbereich aufgebaut: die besagte Bühne mit folkloristischen Tänzen und Musik, die liebevoll ausstaffierten Stände mit selbstgemachten Köstlichkeiten, die riesigen Holzkohlegrills, die wir schon von »Sant Antoni« kennen und die meterlangen Stehtische mit Tischdeckchen und Windlichtern, an welchen man sich ungezwungen zum Essen und Trinken trifft.

Rechts von uns tobt das Chaos. Umrahmt wird das Ganze von einer wunderschönen Kulisse aus Abendrot und der Silhouette unseres Hausberges, vollendet von einem Schwarm kreisender Möwen.

Das ist mal wieder ein Info-Overflow für mein Gehirn, aber trotzdem: Ich liebe dieses Miteinander der Gegensätze!

Unsere Kinder sind mittendrin und ich freue mich für sie. Vor einem Jahr wäre das noch undenkbar gewesen, wie sind sie gewachsen! An ihrer neuen Umgebung und an sich selbst. Sie haben gekämpft, sich behauptet, haben gelitten, über viele Dinge gestaunt. Sie lernten Fremdes lieben und stellten Altes in Frage. Sie haben sich eingelassen auf all das Neue, das ihnen über den Weg lief und sie machten sich ihr eigenes Bild.

Sie gehen mit neuem Blick in die Zukunft, ich hoffe, unser mallorquinisches Jahr konnte ihr Vertrauen in sich selbst stärken. Und ihnen die Zuversicht mit auf den Weg geben, dass sie alles in ihrem Leben meistern werden.

Ich stehe wieder einmal umringt von vielen Menschen mitten in der Welt und beobachte meine Kinder mit einem Lächeln.

Ein kleiner Dialog mit einem unserer Freunde aus Deutschland kommt mir in den Sinn: »Du weißt ja, mein Leben ist nicht nur schwarz oder weiß, bei mir gibt es auch grau.«

»Ja, aber in Bunt wäre es vielleicht noch schöner«, erwiderte ich.

Fahr mit.
Steh dir nicht selbst im Weg herum.
Lass' dich auf dein Leben ein.
Kreise nicht um andere.
Vielleicht schaust du zwischendurch sparsam aus der Wäsche.
Vielleicht bist du lieber nur Zuschauer ...
Doch wer kann das schon sagen, ohne es vorher ausprobiert zu haben?
Bist du erschöpft von den Pirouetten, die du um dich selbst drehst?

Kommst Du voran oder bleibst Du auf der Stelle stehen?

Lässt Du Dich vom Strudel verschlucken?

Wonach strebst Du?

Was willst Du wirklich?

Bist Du zufrieden?

Kennst Du die Antwort?

Willst Du sie wissen?

Ehrlich?

Mit leuchtenden Augen kommen meine Kinder mir entgegen und ein aufgeregter Wortschwall nimmt mich in Empfang. Fröhlich schwatzend machen wir uns gemeinsam auf den Heimweg.

Wie auch diese geht jede unserer Fahrten irgendwann zu Ende – und dann wünsche ich Dir von Herzen, dass die Zeit, die Du hattest, eine gute war.

Überraschend anregend, so ein Besuch auf der Kirmes ...

Vier Fragezeichen

Wer von uns hört nicht gerne Detektivgeschichten? Wer liebt nicht den Nervenkitzel als Zuhörer von Berichten rätselhafter Phänomene, die immer wieder passieren?

Oft geschehen in unserem täglichen Leben Dinge, die wir erst im Nachhinein zu würdigen wissen, verstehen, zu einem Gesamtbild verknüpfen können – oder einfach nur herzhaft darüber lachen ...

Heute ist es windig. Um genau zu sein, stürmt es heftig. Die Luft ist trotzdem lauwarm und wir sammeln uns vor der Haustüre des Mehrfamilienhauses unserer Wohnung am Meer, um zu einem ausgedehnten Strandspaziergang aufzubrechen.

»Schau mal, Papa! Da hat jemand was auf unser Auto geschrieben!« Neugierig laufen wir hinüber auf die andere Straßenseite, wo unser Sohn bereits steht und aufgeregt zu uns herüberwinkt.

Unser einst so fesch aussehendes Cabrio ist bedauerlicherweise fast nicht mehr wiederzuerkennen: Von einer millimeterdicken, hellbraunen Staubschicht überdeckt, sind die Scheiben blind geworden. Das schwarze Stoffdach ist von der Sonne inzwischen so ausgebleicht, dass es beinahe hellgrau wirkt und zu allem Überfluss ist der vordere linke Reifen platt gestochen worden. Wahrhaftig ein trauriger Anblick! So steht es schon seit einigen Wochen am Straßenrand, direkt neben den großen Mülltonnen, doch bisher hat sich keiner der Müllmänner oder sonstiger »Banditos« erbarmt, es einfach mitzunehmen. Nicht einmal die Ortspolizei wollte es bislang abschleppen. So überlegen wir weiterhin, was damit geschehen soll und schwanken zwischen Schrottpresse, Reparatur und Weiterverkauf.

Heute also eine Nachricht! Mein Mann hat sofort die beste Idee: »Bestimmt will es jemand kaufen! Ist das eine Telefonnummer?«

Geschäftig beugen wir uns zu viert über das in spanischer Sprache recht krakelig auf die Scheibe der Fahrertür geschmierte Geschreibsel. Die Ziffern kann man immerhin ohne weiteres erkennen und so schlägt mein Sohn vor: »Papa, ruf doch einfach mal an!«

Mein Mann gibt die Aufforderung umgehend an mich weiter, worauf ich natürlich intuitiv ablehne: »Du weißt genau, dass ich nicht gerne auf Spanisch telefoniere! Ich verstehe nix!«

»Ja, aber wenn er das Auto kaufen möchte! Das wäre doch eine super Gelegenheit!«

»Dann versuch' es einfach auf Englisch, das geht vielleicht auch! Oder unsere Tochter soll anrufen?« Während wir uns die Zuständigkeiten noch gegenseitig hin und her schieben, ist unsere Tochter ungewöhnlich ruhig. Sie versucht weiterhin konzentriert, den Text vor den Zahlen zu entziffern.

Einen Augenblick später hat sie es tatsächlich geschafft und auf diese Weise kommt folgende, legendäre Kommunikation zwischen uns vier Hobbydetektiven zustande:

Tochter (belustigt): »Da steht: »Wenn Du im Bett genauso dreckig bist, wie dein Auto, ruf mich an!«

Mein Mann (enttäuscht): »Dann rufe ich dort lieber doch nicht an.«

Ich (entgeistert zu unserer Tochter): »Wieso weißt DU denn, was das heißt?«

Sohn (verwirrt): »Wieso geht der denn dreckig ins Bett?«

Nachdem sich die Geschichte aufgeklärt hat und der spontane Autoverkauf augenscheinlich wieder in weite Ferne rückt, ziehen wir weiter Richtung Strand, unserem Sonntagsspaziergang entgegen.

Einige Wochen später verschenke ich das Cabrio an einen jungen, aufstrebenden Automechaniker aus Palma, der zusammen mit seinen Kumpels alles weitere veranlasst und für uns auf diese Weise keine zusätzlichen Kosten entstehen. Ich bin davon überzeugt, ein gutes Werk zu tun, sowohl für ihn als auch für uns. Wenn er es erst einmal restauriert hat, fliegen ihm die Mädchenherzen garantiert nur so zu.

Wir hingegen mieten nun ungefähr alle zwei Wochen ein anderes Auto am Flughafen von Palma zu den unschlagbar günstigen Preisen der Vorsaison. Ganz nebenbei kommen wir auf diese Weise in den Genuss, die staubigen Vehikel einfach gegen ein frisch geputztes neues einzutauschen. Wenn wir möchten, können wir sogar ein Cabrio mieten, einen Lieferwagen, einen Familienvan und vieles mehr. Ganz auf unsere Bedürfnisse abgestimmt, so flexibel waren wir schon lange nicht mehr!

22. Mai 2019

- Der »Schnapp des Tages« -

»Es dämmert schon, die Schatten werden lang. Die tiefrote Sonne macht sich auf den Weg zur anderen Seite der Erde, langsam verschwindet sie hinter unserem Berg und taucht die ganze Landschaft in ein Meer aus Gold. Lau streicht der Abendwind um Häuser, Sträucher und Palmen ... und um die grünen Mülltonnen.

Und um diese streicht wiederum nicht nur der Wind, sondern, wie schon vor langer Zeit einmal erwähnt, immer wieder auch mehr oder weniger zwielichtige Gestalten auf der Suche nach verwertbaren Schätzen.

So auch heute. Bonnie und Clyde in Flipflops. Und recht wenig elegant.

»Pass auf, da ist noch Geschirr drin! Du musst sie höher halten!« Im gegengleichen Wiegeschritt, an dem Balu, der Tanzbär, seine Freude hätte, versuchen mein Mann und ich, möglichst schnell und unauffällig mit unserer Beute unser sicheres Grundstück zu erreichen.

Natürlich funktioniert das nicht, wir sind laut und langsam und müssen vor Lachen zwischendurch Pause machen. Wir haben diesmal die Seite gewechselt und kommen uns echt einheimisch vor. Nachdem wir wo-

chenlang alten Schrott aus dem Haus geschafft haben, tragen wir jetzt fröhlich anderen alten Schrott wieder herein.

Auf dem Rückweg vom Einkaufen entdecke ich das wunderschöne Stück einladend neben der Mülltonne in fußläufiger Entfernung zum Häuschen. Eine antike Kommode, das Muster passend zu derjenigen, die wir schon besitzen und mit den perfekten Maßen für unser Gästezimmer. Ich jubele laut, mache vor unserem Tor eine Vollbremsung (wir sind ja im Moment glückliche Besitzer eines Mietautos) und flitze aufgeregt zu meinem Mann ins Haus. »Schnell!!! Draußen ist eine Kommode, die brauchen wir, ich kann sie aber nicht allein tragen, hilft du mir kurz? Die ist total toll, da standen gestern schon so viele alte Sachen rum, ich glaube es entrümpelt jemand von unseren Nachbarn, der hat echt schöne Sachen!«

»Wie bitte?«

»Komm halt!« Ungeduldig spurte ich schon mal los, um mich notfalls rechtzeitig besitzergreifend auf meine Beute werfen zu können.

Nun steht die kleine Kommode brav in unserem Gästezimmer vor sich hin und sieht schön aus. Und sie hat uns tatsächlich die lange Fahrt nach Palma zum schwedischen Möbelhaus erspart.

Wir sind inzwischen auf den »alternativen« Geschmack gekommen. Wir bauen Garderoben und Pinnwände aus alten Fensterläden, möbeln die antiken Nachttischchen auf und lieben unseren Wohnzimmertisch *mit den schweren, mit grünem Samt bezogenen Stühlen, die aussehen, als wären sie der legendären Tafelrunde von König Artus entsprungen.*

Nicht zu vergessen den riesigen Esstisch, den unsere Freunde aus den übrigen Holzbohlen gezimmert haben und der jetzt das Glanzstück unserer Außenküche ist. Wir shoppen im »Second-Hand-Laden«: fünf massive Holzstühle für 25 Euro, fehlt nur noch eine Holzbank.

Aus Alt mach Neu und dann wieder ein bisschen Alt. Gefällt mir. In zehn Tagen kommen wieder einmal Freunde zu Besuch und bis dahin soll die Baustelle beendet sein. Wir möchten einfach auch gerne fertig werden. Keine Farbeimer mehr, kein Fugenmaterial, keine Fliesen, keine schwarzen Abfallsäcke, keine Erde, kein Müll, bitte Wir haben unser Limit erreicht und freuen uns auf die Pause.

Mit unserem vielseitigen Erfahrungsschatz der letzten Monate könnten wir inzwischen locker ein Geschäftsmodell eröffnen, das ist ja hier sowieso üblich: »Mobiles Einsatzkommando. Wir können zwar nix richtig, machen aber alles. Fliesenverlegung, Malerarbeiten, Abdichtungen, Sanitär, Hausputz, Partnerberatung, Gin-Tasting, Burger-Restaurant, hausgemachte Paella und Sangria«.

Also, mit so einer Grundlage kann doch nichts mehr schief gehen, dann auf zu neuen Projekten!

20. Juni 2019

- Die perfekte Welle -

Ein kurzer, spitzer Schrei durchbricht das tosende Gebrüll des schäumenden Wassers und im selben Moment sehe ich zuerst das Surfbrett, dann meine Tochter an mir vorbeifliegen. Lachend und prustend landet sie in der weichen, schwimmbadblauen Schaumstoffwand am Ende der Wasserbahn, schnappt sich ihr Brett und stellt sich direkt wieder in unsere Reihe der Wartenden, um sich erneut in die Fluten zu stürzen.

Wir besuchen das »SOL Wave House«. Was macht man nicht alles. Unsere Freunde aus Deutschland haben uns tatsächlich quer über die Insel geschleift, um – im Idealfall – erst auf dem Bauch, dann höchst professionell auf den Beinen stehend eine künstliche Welle zu reiten.

Da wir uns alle erstmal überhaupt nix darunter vorstellen konnten, und wir gerne offen sind für neue Ideen, stehen wir nun also circa zwei Meter erhöht oben an der Wasserkante, um uns mit Schwung in den breiten Wasserstrahl zu werfen.

Nachdem wir unsere Vorgänger eine Weile beobachtet hatten, wie sie von den Wassermassen wie Spielzeug durch die Luft und über das Wasserfeld gewirbelt wurden, habe ich die ganze Veranstaltung für mich ge-

danklich umgehend kategorisch ausgeschlossen. Da bricht man sich ja alle Knochen. So verzichte ich, immun gegen den lautstarken Protest und die Bettelei der Kinder, bitte mitzumachen, auf das Anlegen meines Badeanzuges und mache es mir vor der Absperrung bequem, um Familie und Freunde beim Wellenritt zu beobachten.

Konsequent wie ich nun mal bin, stehe ich zehn Minuten später mit Brett und Badekleidung am Rand der Welle und wage den ersten Sprung. Kurz segele ich durch die Luft, dann lande ich direkt in den stahlharten Wasserstrahlen der Welle. Meine Oberschenkel jammern kurz überrascht auf, doch dafür habe ich jetzt keine Zeit. Blaue Flecken kann ich auch morgen noch bewundern. Ich liege bäuchlings auf dem Brett und lasse mich vom Wasser führen, folge der Strömung nach rechts und nach links. Was für ein Gefühl! Durch den feinen Nebel der Gischt hindurch bemühe ich mich, die Anweisungen des netten Chicos zu verstehen, der alle Gäste der Welle zu instruieren versucht.

Gewicht verlagern, rechts, links, jetzt die Arme ins Brett stemmen und aufs Brett knien (was?), jetzt die Arme ausbreiten ... und tatsächlich halte ich mich einen kurzen Augenblick in perfekter »Titanic-Kate-Winslet«-Pose auf meinem Brettchen, bevor die Fluten mich zur Seite hinaustragen und ich Platz mache für den nächsten Wellenreiter. Herrlich!

Augenscheinlich gar nicht so schlecht, wenn ich einfach mal tue, was man mir sagt. Mit einem breiten Grinsen und voller Adrenalin laufe ich wieder nach oben und freue mich auf den nächsten Sprung.

Durchgenudelt wie nach einer Runde Schleudergang in der Waschma-schine liegen wir gute zwei Stunden später im weichen Sand der Bucht, bewaffnet mit einer ganzen Batterie frisch zubereiteter »Pina Coladas« und schauen träge aufs türkisblaue Meer. Die Wellen kommen und ge-hen, spülen Strandgut und Schwimmer an Land. Die Luft riecht nach Sonnencreme, die Touristen kommen.

Wir lesen, baden, spielen, erzählen, dösen in der Sonne. Zeit für Müßig-gang. Nichts denken, nichts tun, nichts arbeiten. Ein Urlaubstag, was für eine gute Idee!

Früchte unserer Arbeit

»Erntedank« wird zwar erst im Herbst gefeiert, doch zum Ende des spanischen Schuljahres haben wir jetzt schon ein bisschen das Gefühl, unsere Früchte des vergangenen Jahres zu ernten. Manches wird sicherlich bald in der Versenkung verschwinden, vieles ist bestimmt jetzt schon in Vergessenheit geraten. Doch einiges nehmen wir mit, jeder von uns auf seine Weise ...

»Welche Größe hast du?« fragt mich die brünette Juniorchefin, nachdem ich eine neue Wagenladung voll Material bei ihr an der Kasse bezahlt habe und winkt mich zu sich hinter den kleinen Holzverschlag der großen Lagerhalle, wo sich haufenweise Kartons stapeln. »Und deine Kinder?« will sie gleich im Anschluss wissen. Verständnislos folge ich ihr, was will sie denn? Dann muss ich unweigerlich lachen, sie öffnet eine der Riesenkisten und sucht vier quietschgrüne T-Shirts in verschiedenen Größen für mich heraus. Der Baumarkt hat neue Arbeitskleidung bestellt und anscheinend werden die besten Kunden damit ebenfalls ausstaffiert. Na, wenn das keine Auszeichnung ist! In den letzten Monaten haben wir unser halbes Vermögen in dieser riesigen Lagerhalle versenkt, nun sind wir also eine Stufe aufgestiegen in die

Riege fleißiger Handwerker und dürfen den Baumarkt ganz offiziell im Ort repräsentieren.

Ich bedanke mich vielmals und laufe mit dem Arm voll grüner Wäsche zurück zum Auto, wo mein Mann mit laufendem Motor schon auf mich wartet. Überrascht sieht er mich an. »Shoppingday!«, grinse ich und wir fahren, wie schon die unzähligen Male zuvor, schwer beladen vom Hof.

Wenige Stunden später knie ich rücklings vor der weißen Wand im Keller des nahegelegenen Hotels, habe die Augen geschlossen und atme tief durch. Es ist still, vereinzelt hört man einen kleinen Seufzer, das Knacken von Gelenken und das Gelächter eines kleinen Mädchens. Schließlich gibt Alejandro das Zeichen zum Aufstehen und Eltern und Kinder erheben sich geräuschvoll. Mein Sohn strahlt mich an, als ich beginne, mit allen anderen zum Aufwärmen im Kreis herumzuhüpfen, barfuß und in meinem dunkelblauen Strandröckchen, denn damit hatte ich mal wieder nicht gerechnet.

Wir feiern den Abschlussabend der Karategruppe. Ursprünglich hieß es, alle Eltern, Großeltern und sonstige Verwandte und Freunde seien herzlich eingeladen, die Aufführung der Kinder zu Beginn der Sommerferien anzusehen. Danach findet ein gemütliches Beisammensein statt, man darf gerne etwas zu knabbern oder zu trinken mitbringen. Dass jedes Karatekind heute zur Feier des Tages einen Erwachsenen an seiner Seite hat, der die Einheiten mitmachen soll, wurde mir wohlweislich unterschlagen. So bin ich selbst am meisten überrascht, von dem, was ich gerade tue. Nun ja, wenn ich in die feixenden Gesichter unserer restlichen Familie schaue, trage ich wenigstens zur allgemeinen Heiterkeit bei. Nach gut zwei Stunden verabschieden wir uns mit dem Versprechen, auch in Zukunft so oft wie möglich am Karateunterricht teilzunehmen. Unser Sohn ist weiterhin herzlich willkommen, was für eine schöne Einladung! So fällt ihm der Abschied nicht ganz so schwer, und seinen gelb-weißen Gürtel, den er sich im Laufe des Jahres erarbeitet hat, wird ihm keiner mehr nehmen.

Ungefähr zehn Minuten später huschen wir so schnell wir können durch den Mittelgang der Kirche, diesmal sind die Kinder, die uns umringen, etwas älter. Das Institut unserer Tochter ehrt die besten Schüler des Jahres und verabschiedet die Schulabgänger auf ihren weiteren Lebensweg. Gerade noch rechtzeitig finden wir einige freie Plätze, bevor die Feierstunde von der Rektorin eröffnet wird. Angestrengt hören wir auf die Namen, die im Anschluss daran laut vorgelesen werden, um die Auszeichnungen für die einzelnen Klassen zu vergeben. Und tatsächlich, als die siebte Klasse an der Reihe ist, ertönt auch der Name unserer Tochter und während sie auf die Bühne läuft, klatschen und jubeln wir lauthals. Die weitere Zeremonie plätschert nach unserem ganz persönlichen Höhepunkt recht langatmig dahin und so finden wir es durchaus legitim, dass wir nach einer Stunde die Veranstaltung ein paar Minuten früher verlassen, um unseren reservierten Tisch bei unserem Lieblingsitaliener nicht allzu lange leer stehen zu lassen. So klingt der Tag gemütlich aus, die Ferien können beginnen.

Bevor ich am späten Abend in mein Bett schleiche, betrachte ich gedankenverloren noch einmal unsere Auszeichnungen, die wir auf dem Wohnzimmertisch ausgebreitet haben: Vier grüne Shirts vom Baustoffhof, ein weiß-gelber Karategürtel und ein Zertifikat für hervorragende schulische Leistungen.

Das ist doch wirklich eine schöne Ernte.

23. Juni 2019

- Zeit meines Lebens -

Ich stehe im Halbdunkel, still. Höre auf die Geräusche, die von außen hereindringen. Sehe mich um, mein Blick bleibt hängen...an der Decke, die so viele Stunden brauchte, um endlich glatt zu werden. Am Fliesenboden, der immer noch nicht ganz von Zement befreit ist.

Durch das geöffnete Fenster dringen die Rufe der Schafe herein, übertönt von herannahenden Motorrollern.

Langsam erhebe ich mein Glas, feierlich. Ein kleines Gläschen nur, gefüllt mit dem mallorquinischen Kräuterlikör, der inzwischen zum Inventar gehört. Ich halte Zwiesprache mit unserer riesigen Küchenuhr, vor der ich Angesicht zu Angesicht stehe und leise Abschied nehme. Szenen dieses Jahres spielen sich vor meinem inneren Auge ab. Unsere Kinder an ihrem ersten Schultag und ihre Frustration über die fremde Umgebung nach der ersten Woche. Am vergangenen Freitag, dem letzten Schultag, gab es Tränen des Abschieds. Sie wären gerne länger geblieben.

Ich sehe den Urwald, der rund um unser Haus wucherte und den wir mühselig und mit einigen Schrammen versehen nach vielen Wochen endlich kultiviert hatten. Ich höre den Regen rauschen an jenem Abend des furchtbaren Unwetters, der so viele Todesopfer forderte. Ich fühle das kühle Wasser unseres Pools, an welchem wir so viele fröhliche und unbeschwerte Abende genossen haben. Ich rieche den zentimeterdicken Baustaub, der sich auch nach so vielen Monaten immer noch in einigen dunklen Ecken versteckt hat.

Ich höre den Wind des Vogelschwarmes über uns und den Wind, der vom Meer heraufweht...mal lau und sanft, mal wütend und wild.

Ich sehe, ich fühle, ich atme.

Ja, es war ein besonderes Jahr. Ich habe viel gelacht und viel geweint. Ich habe intensiv gelebt, habe aufgetankt – wie lange das wohl anhält?

Ich hatte viele Begegnungen, manche mit mir selbst.

Wir haben viel bewegt in diesem Jahr. Wir haben viel voneinander gehabt, von unseren Freunden und unseren Familien. Wir haben gestritten und gelacht, unsere Kinder sind groß geworden, ihren Kinderschuhen entwachsen. Schön, dass wir sie begleiten konnten. Ja, wir sind alle groß geworden, reich an Erfahrung.

Was davon nehmen wir mit? Was können wir hinüber retten in unseren »neuen« alten Alltag in Deutschland?

Ich stehe im Halbdunkel und erhebe mein Glas. Proste der großen Küchenuhr zu, vor der ich Angesicht zu Angesicht stehe. Ich trinke auf die Zeit meines Lebens, feierlich.

Auf die, die ich hatte und auf die, die noch kommen mag.

Ich schließe mein Tagebuch. Schön, dass ihr mich begleitet habt. Passt auf euch auf.

Fühlt euch gedrückt, von Herzen.

07. August 2019

- Bienvenido -

Wir sitzen im Flugzeug, meine Nasenspitze berührt fast die Fensterscheibe, damit ich die liebgewonnene Landschaft unter mir in ihrer vollen Schönheit sehen kann. Langsam fliegen wir über das Meer, an uns vorbei ziehen die malerischen Buchten von Peguera, Santa Ponca und Magaluf. Wenig später können wir die riesigen Kreuzfahrtschiffe im Hafen erkennen, heute sind es drei. Schließlich passieren wir die prächtige Kathedrale von Palma, angestrahlt von der Sonne.

Sanft setzen wir auf der Landebahn auf, die Touristen klatschen euphorisch. Ich habe mir das abgewöhnt, schließlich klatscht ja auch niemand, wenn ich mein Auto parke.

Wir kommen zu unserer letzten Etappe auf die Insel. Momentan sind wir nur zu zweit, mein Sohn und ich möchten gerne unser Sabbatjahr so lange wie möglich genießen.

Der Rest der Familie wird in zwei Wochen noch einmal zu uns kommen, dann verbringen wir die letzten Tage gemeinsam auf Mallorca.

Langsam rollt unser Flieger dem Terminal entgegen, die Stewardess beginnt ihre letzte Durchsage an die Fluggäste in Englisch, um dann ins Spanische zu wechseln. Ich freue mich wieder einmal still vor mich hin, dass ich alles verstehe und eine Welle der Wärme durchströmt mein Herz und meinen ganzen Körper, als ich die Worte höre, mit denen sie endet, ganz so, als wäre diese Botschaft persönlich an mich adressiert:

»Bienvenido a la casa – Willkommen zu Hause.«

Eine Insel

Wie ich es vorausgesehen habe, ist meine Familie in Deutschland räumlich entzerrt worden, nur wenige Tage haben wir, die wir gemeinsam verbringen. Doch inzwischen haben sich alle damit arrangiert. Jeder von uns fühlt sich wohl, mit dem, was er tut, und solange die Gemeinschaft darunter nicht leidet, kann dieser Zustand auch durchaus förderlich sein.

Unsere Tochter ist mittlerweile tatsächlich ins Internat umgesiedelt und kommt nur zum Wochenende nach Hause. Unser Sohn konnte in die fünfte Klasse der weiterführenden Schule einsteigen. Er schlägt sich wacker, die Wissenslücken zu schließen, welche sich in unserem Sabbatjahr nicht vermeiden ließen.

Mein Mann arbeitet wieder in seiner alten Abteilung. Zu Beginn fiel es ihm schwerer als vermutet, dem geregelten deutschen Alltag zu folgen und sich auf neue Aufgaben einzulassen. Nach mittlerweile zwei Monaten hat er aber das Gefühl, wieder angekommen zu sein.

Ich bin zur Pendlerin geworden. So oft wie möglich komme ich nach Mallorca, betreue unser Häuschen, besuche den örtlichen

Supermarkt und höre den Spaniern zu. Ich nehme an ihren Festen teil, schlage mich mit Behördengängen herum und schreibe. Ich sitze am Meer, schaue den Flugzeugen hinterher und freue mich über jedes, in welchem ich nicht selbst sitze, um zurückgebracht zu werden.

Ich lasse meine Gedanken kreisen und mein Herz fliegen. Und lese mit einem kleinen, etwas wehmütigen Lächeln den heutigen Kalenderspruch: »Heimat ist da, wo man sich nicht erklären muss.«

Nachwort: Danke.

Das Jahr auf Mallorca war eine Herzensangelegenheit.

Manches davon wollte ich gerne festhalten, für mich, für meine Familie, für Euch. So entstand ein Tagebuch.

Vielleicht bringt es euch zum Nachdenken, zum Innehalten, zum Gedanken fliegen lassen.

Vielleicht findet ihr es kurzweilig, vielleicht auch langweilig... wer weiß.

In jedem Fall kommen meine Worte von Herzen, so auch die folgenden:

Danke an meinen Ehemann Michael für deine unendliche Bereitschaft, meine Wünsche zu erfüllen.

Danke an meine Kinder, dass ihr euch voller Vertrauen mit uns auf das Abenteuer eingelassen habt.

Danke an all unsere Freunde für eure Besuche, die guten Wünsche, die zahlreichen Nachrichten, eure mentale Nähe, die vielen kleinen Aufmerksamkeiten.

Danke an unsere Familien für eure Unterstützung und den unerschütterlichen Glauben an uns.

Danke an alle Leser meines Tagebuches.

Habt Vertrauen in euch selbst und in eure Träume, denn sie bereichern Euer Leben.

Liebe Grüße, eure Christina

Über die Autorin

Christina Gerber, 1975 in der Nähe von Stuttgart geboren, fängt mit ihrer Art des Schreibens das Leben ein: Gedanken, Ereignisse, Begebenheiten – philosophisch, nachdenklich, fröhlich und auch zuweilen unglaublich. Diese Geschichten zu sammeln und ihnen einen literarischen Rahmen zu geben, ist seit ihrer Jugend Teil ihres Alltags.

Seit ihrem Aufbaustudium „Literarisches Schreiben" widmet sie sich auf dem zweiten Karriereweg dem Schreiben von Romanen. Ihr Werk „Zuhause ist dort wo Dein Herz wohnt" erscheint bereits in der zweiten Auflage.

Christina Gerber lebt und arbeitet auf Mallorca.